Michelle Banguio

No Limits

Michelle Banguio

No Limits

Zu einem erfüllten und erfolgreichen Leben trotz Krisen
und Herausforderungen

Bibliografische Information der Deutschen Nationalbibliothek: Die Deutsche Nationalbibliothek verzeichnet diese Publikation in der Deutschen Nationalbibliografie; detaillierte bibliografische Daten sind im Internet über http://dnb.dnb.de abrufbar

Grafische Gestaltung / Coverdesign: Diana Mazmanyan, Leipzig. www.dianas-designstudio.com

Lektorat: Ulrike Burgi, Köln. www.lektorat-burgi.de

Verlag: BoD · Books on Demand GmbH, In de Tarpen 42,
22848 Norderstedt, bod@bod.de
Druck: Libri Plureos GmbH, Friedensallee 273, 22763 Hamburg

ISBN: 978-3-7597-8509-1

Inhalt

Einleitung

Eine E-Mail von meinem Anwalt ploppt bei mir auf: „Liebe Michelle, in der Anlage übersende ich dir das heute bei uns von der Gegenseite eingegangene Schreiben zur Kenntnis und mit der Bitte, mich deshalb anzurufen." Mein Herz fängt an zu rasen, Panik macht sich in mir breit. Was ist denn jetzt schon wieder, denke ich. Mein erster Impuls ist, mich zu verkriechen und so zu tun, als hätte ich die E-Mail nicht gelesen. Die letzten Wochen und Monate haben mich an meine Grenzen gebracht. Von einem Drama ins nächste taumelnd. Ich war, wie so oft, in eine Situation geraten, in der es mir schwerfiel, Verantwortung zu übernehmen.

Seit Wochen schicke ich Stoßgebete in den Himmel mit der Bitte, mich in Luft auflösen zu können. Da diese aber bisher konsequent ignoriert wurden, bleiben mir nur zwei Möglichkeiten:

A) nichts tun, verdrängen und abwarten,

B) Verantwortung übernehmen, eine Lösung suchen und nach vorne schauen.

Ganz ehrlich? Variante A klingt so viel verlockender als B, ist allerdings auch der Grund, warum ich immer wieder in die gleichen katastrophalen Situationen gerate. Ich hatte mir vorgenommen, grundlegend etwas in meinem Leben zu ändern, und höre doch im selben Moment eine innere Stimme, die kritisch nachfragt: „Stimmt das?" Aber dieses Mal will ich standhaft bleiben und antworte mit einem deutlichen Ja!

Also nehme ich ein paar tiefe Atemzüge, und bevor ich mir überhaupt die Anlage in der E-Mail anschaue, wähle ich die Nummer meines Anwalts und murmele leise vor mich hin: „Ich bin so glücklich und dankbar, dass ich immer eine Lösung habe ... Ich bin so glücklich und dankbar, dass ich immer eine Lösung habe ... Ich bin so glücklich und dankbar, dass ...".

„Michelle! Also so was habe ich in meiner ganzen beruflichen Laufbahn als Anwalt in den letzten 20 Jahren noch nicht erlebt", begrüßt mich Matthias. Warum er mich in meinem Fall berät und ich mir überhaupt diesen renommierten Anwalt leisten kann, liegt daran, dass er jahrelang mein Personal-Training-Kunde war.

Ich sage erst mal nichts. Seine positive Begrüßung irritiert mich. Eigentlich hatte ich damit gerechnet, einen auf den Deckel zu bekommen, denn ich habe die angeordnete Rate in Höhe von 1200 € an die Gegenseite ein paar Tage zu spät gezahlt – typisch für mich. Matthias hatte mir in den letzten Wochen nicht wenige Standpauken aufgrund meiner Situation gehalten.

Wieso hast du bloß so ein teures Coaching gebucht? Bei dem Namen der Firma rollen sich einem ja schon die Fußnägel hoch! Wieso hast du denn die Rechnung von damals nicht einfach moniert? Ich hätte dir auch was über Business erzählen können, für deutlich weniger Geld! Bei so einer primitiven, pinken Website erkennt man doch direkt, dass das Halsabschneider sind ...

Aber heute scheint er bester Laune zu sein und liest mir geradezu freudig das Schreiben der Anwältin von der Gegenseite vor: „Sehr geehrter Herr Kollege, aufgrund unternehmerischer Umstrukturierungen bat mich meine Mandantin, Ihnen in dieser Sache Folgendes mitzuteilen: Meine Mandantin verzichtet auf die letzten beiden Raten in einer Gesamthöhe von 2400 €, da das Format „Mastermind" und die damit verbundenen Leistungen zum Ende des Monats eingestellt werden."

Während mein Anwalt sich köstlich amüsiert, denke ich zuerst: „Mist! Warum habe ich gestern die dritte Rate überwiesen? Hoffentlich bekomme ich das Geld zurück!" Zu diesem Zeitpunkt hatte ich in Bezug auf Geld nur mangelbehaftete Gedanken.

Aber nach einem kurzen Moment wird mir bewusst, was für eine positive Nachricht das ist. Plötzlich sieht meine Welt wieder ganz anders aus. Ich muss schmunzeln. Dinge können sich also doch ändern, Situationen können sich verbessern. Und das schneller, als du denkst.

Wie es zu dem Vergleich und den Anwälten überhaupt kam, wirst du später noch erfahren. Was ich dir aber von Anfang an in diesem Buch mitgeben möchte, ist, dass Unmögliches möglich ist. Auch für dich! Auch noch in diesem Leben. Egal, wie sehr du gerade an deine persönlichen Grenzen kommst. Egal, wie sehr du es derzeit leid bist, positive, ausgelutschte Motivationssprüche zu hören, die dich eher aggressiv machen, statt dich zu motivieren. Auch wenn du heute noch nicht weißt, wie, du kannst große und positive Veränderungen in deinem Leben vollbringen.

Dieses Buch, diese Worte, sind nicht geschrieben worden, um Recht zu haben oder um dich zu überzeugen. Vielmehr ist es eine Einladung, dich daran zu erinnern, wie viel Potenzial in dir steckt. Es soll dich inspirieren, deinen eigenen Weg zu gehen, deine individuellen Bedürfnisse und Wünsche zu erkennen – und dir glasklar darüber zu werden, was dich wirklich erfüllt und glücklich macht.

Hast du schon Methoden zur Selbstverwirklichung ausprobiert – Glaubenssatzarbeit, positive Affirmationen, innere Kindheilung – und sie haben dir nur bedingt oder gar nicht geholfen? Dieser Ratgeber ist anders. Hier bekommst du nicht nur theoretisches Wissen und Tipps, sondern du begegnest dir selbst. Mach dich bereit für die Konfrontation mit deinen Lügen und den eigens inszenierten Lebensherausforderungen, die dich immer wieder an deine Grenzen bringen.

Du merkst, es wird nicht immer nur kuschelig und sanft, sondern auch ehrlich und direkt. Du willst dich lebendig fühlen und deine Träume wahr werden lassen? Dann schenke diesem Buch deine volle Aufmerksamkeit und die Bereitschaft, das Gelesene wirklich in dein Leben zu integrieren.

Freu dich auf eine Reise, die dir die Kraft des Manifestierens näherbringt, dir zeigt, wie du deine Energie gezielt für dich einsetzen kannst, innere Widerstände nachhaltig auflöst und dadurch pure Gelassenheit und Fülle auf allen Ebenen deines Lebens zelebrierst. Es gibt einen Grund, warum du dieses Buch in den Händen hältst, und wenn du dich drauf einlässt, kann es dein Leben verändern. Es ist gut möglich, dass du auf blinde Flecken triffst, die du bisher noch nicht sehen wolltest, deren Erkennen aber ausschlaggebend ist, um deine Visionen zu verwirklichen. Also lies weiter, reiß Stück für Stück deine Mauern ein, und begib dich Schritt für Schritt in ein neues Leben – ein Leben, das du selbst gewählt hast.

TEIL EINS

1
Ausgesetzt und ausgeliefert?

Fühlst du dich manchmal dem Leben ausgeliefert? Hast du manchmal das Gefühl, die Welt hat sich gegen dich verschworen? Vielleicht steht das Wort „Welt" bei dir für deine Familie, mit der du immer wieder aneckst, oder für Geld, das kaum da, sich wieder in Luft auflöst. Kaum hast du ein bisschen mehr auf deinem Bankkonto, kommt aus dem Nichts eine neue fette Rechnung, die, oh Wunder, dafür sorgt, dass du wieder ganz knapp bei Kasse bist, wie schon seit Jahren oder gar dein Leben lang. Vielleicht ist es bei dir dein Körper, der dir Probleme bereitet. Er streikt ständig, ist aufgrund von Krankheit nicht voll funktionsfähig, oder du kämpfst gefühlt dein ganzes Leben lang gegen überschüssige Pfunde. Oder gibt es in deinem Leben Momente, in denen du das Gefühl hast, bei deinen Liebschaften und Partnerschaften vom Pech verfolgt zu sein? Zuerst ist die Zeit immer innig und aufregend, doch dann folgen plötzlich Drama, Tragödie und ein gebrochenes Herz?

Einmal Schlammbad bitte!

Glaub mir, auch wenn du dich immer mal wieder in deinem Leben hilf- und machtlos fühlst, du bist es nicht! Auch wenn ein Teil von dir glaubt, man hätte dich aus dem Nichts heraus in dieses Schlammloch voller katastrophaler Lebenssituationen gesetzt, wie ein trauriger Hund am Straßenrand, der die Welt nicht mehr versteht, weil sein Frauchen ihn allein zurückgelassen hat – du bist selbst in dieses Schlammloch gesprungen! Das ist wichtig zu verstehen. Du bist kein Opfer deines Lebens, auch wenn es sich in manchen Momenten so anfühlt oder es sich in der Vergangenheit so angefühlt hat. Du bist weder von einer höheren Macht ausgesetzt worden noch bist du dem Ganzen hilflos ausgeliefert. Und nein, hier geht es nicht darum, dass du an irgendetwas schuld bist. Vielmehr hat es etwas mit Ursache und Wirkung zu tun. Dieses Prinzip beschreibt den Zusammenhang zwischen einer Handlung und dem Ergebnis dieser Handlung. Dein Verhalten hat Konsequenzen, die dein Leben beeinflussen. Wenn du einen Ball trittst (Ursache), rollt er in eine bestimmte Richtung (Wirkung). Dies gilt für jedes Verhalten, das du an den Tag legst, dein Leben lang. Deswegen die gute Nachricht gleich zu Beginn dieses Buches: Du trägst bereits alles in dir, um dein Leben oder gewisse Bereiche deines Lebens zu verändern. Die schlechte Nachricht ist: Dafür gibt es keine Wunderpille. Es liegt allein an dir, wie und ob sich dein Leben verändert.

Mein erster Tipp an dich ist: annehmen! Es ist völlig egal, ob du dir für die Zukunft einfach nur wünschst, bei einem Konflikt am Arbeitsplatz nicht mehr so schnell emotional betroffen zu sein oder ob du dich nach einem kompletten Makeover in deinem Leben sehnst und große Visionen hast, die andere gar als größenwahnsinnig bezeichnen würden. Der erste Schritt zu einem erfüllten Leben auf allen Ebenen ist das Annehmen – dich selbst, deine Bedürfnisse, deine Fehler, deine Fähigkeiten und die Erkenntnis, dass du Verantwortung für dich und dein Leben übernehmen musst, wenn du deine Visionen verwirklichen willst. Doch das Annehmen ist manchmal gar nicht so leicht. Beobachte einmal, wie Menschen um dich herum auf ein Kompliment reagieren oder wie du selbst darauf reagierst. Ein freundliches Kompliment über deine geleistete

Arbeit oder dein Äußeres ist manchmal schwer zu ertragen, sodass du vielleicht dazu neigst, es abzuschwächen. „Wow! Du siehst toll aus! Dein Kleid ist megaschön, du strahlst richtig!" – „Oh, danke. Das ist aber schon superalt, früher hat es auch besser gepasst."

Wir Menschen wünschen uns zwar seit unserer Kindheit Aufmerksamkeit, aber wenn das Bühnenlicht komplett auf uns gerichtet ist, fühlen wir uns oft unwohl. Wenn alle Blicke auf dir liegen, kann es dazu führen, dass du dich verletzlich und unsicher fühlst. Genau mit diesen Emotionen und noch einigem mehr wirst du in diesem Buch konfrontiert werden. Es wird nicht anders gehen, als dass du dich für die innere Arbeit öffnest. Zu erkennen, wo du dich bisher selbst sabotiert hast und diese Tatsache anzunehmen und zu akzeptieren, ist nicht immer einfach. Aber es ist der erste Schritt zu Veränderung und innerer Heilung. Es ist normal, dass sich ein Teil von dir erst einmal dagegen sträubt, die Wahrheit anzuerkennen, nämlich dass du eben nicht einfach irgendwelchen katastrophalen Szenarien ausgeliefert oder ein hilfloses Opfer der Umstände bist, sondern dass du deinen Teil dazu beigetragen hast.

Meine Oma, die ich sehr liebe und an die ich gerne denke, weil ich in meiner Kindheit viel Zeit mit ihr verbrachte, hatte einen Standardsatz, den ich dir rate, direkt aus deinem Gedächtnis zu eliminieren, solltest du ähnlich denken: „Ich bin ein Pechvogel!" Das hat meine Oma nicht nur mir erzählt, sondern auch und vor allem sich selbst. Es war ihre Wahrheit und ihre Realität, die sie sich selbst erschaffen hatte. Sie wollte glauben, dass ihr das Leben passiert. Sie wollte glauben, dass sie vom Pech verfolgt ist. Sie wollte ein Opfer sein, mehr unbewusst als bewusst.

Dabei muss ich sagen, dass ich mit meiner Oma, die auch meine Kindergärtnerin war, viel Spaß hatte. Ich war ihr einziges Enkelkind, und sie war für mich eine unglaublich wichtige, manchmal sogar die wichtigste Bezugsperson in meinem Leben. Aus dieser Zeit sind mir viele schöne und lustige Momente in Erinnerung geblieben. Aber vor allem zwei Aussagen meiner Oma haben sich mir eingeprägt. 1.) „Ich bin ein Pechvogel" und 2.) „Dicke Menschen sind freundlicher und lustiger als dünne".

Die Wahrheit ist manchmal so schmerzhaft,
dass wir lieber eine Lüge leben!

Was glaubst du? Hat sich meine Oma selbst als dick oder als dünn bezeichnet? Richtig, meine Oma fand sich selbst zu dick, aber um diesen Fakt besser ertragen zu können, erzählte sie sich und mir, dass fülligere Menschen deutlich lustiger und freundlicher seien als nicht so füllige. Das war ihre Wahrheit. Dass ich mich an diesen Satz so gut erinnere, liegt nicht nur daran, dass ich ihn oft gehört habe, sondern auch, dass irgendetwas für mich nicht stimmig war. Ich konnte damals noch nicht in Worte fassen, was mich an dieser Aussage irritierte, aber irgendetwas war es.

Heute weiß ich: Es war die Schwingungsfrequenz - der subtile Unterschied zwischen dem, was gesagt wird, und dem, was gefühlt wird. Die Aussage war unstimmig zu der mitschwingenden Energie. Meine Oma fühlte sich phasenweise unwohl in ihrem Körper und um sich selbst zu schützen sowie sich aufzuwerten, kreierte sie den Satz: „Dicke Menschen sind freundlicher und lustiger als dünne." In Wahrheit wünschte sie sich ein paar Kilos weniger, aber anstatt sich das einzugestehen, fand sie eine oberflächliche Methode, so weiterzuleben. Kennst du diese Strategie? Aus purem Neid lehnst du etwas ab, dabei wünschst du es dir so sehr?

In meiner Zeit als Personal Trainerin unterstützte ich hauptsächlich Menschen dabei, abzunehmen. Faszinierenderweise waren es immer meine weiblichen Kundinnen, die ganz klar ihre Abnehmziele formulierten, aber immer noch hinzufügten, dass sie so wie die oder die schlankere Frau auf keinen Fall aussehen wollen würden.

Eines muss dir von vorneherein klar sein: Du kannst nicht etwas ablehnen und es dir aber gleichzeitig wünschen. Das funktioniert nicht! Sei ehrlich zu dir, nimm deine Bedürfnisse an und lass dir von deinem verletzten Ego nicht auf der Nase herumtanzen. Dein Ego hat eine enorme Kraft und kann dich dabei unterstützen, deine Ziele zu erreichen und deine Visionen zu verwirklichen. Allerdings hat es auch ein großes Potenzial, dir im Weg zu stehen. Warum dein Ego überhaupt verletzt ist und was du tun kannst, um diese Verletzungen zu heilen, erfährst du in Teil 3 ab S. 153. Fakt ist, dein verletztes Ego ist oftmals mitverantwortlich, dass du etwas unbewusst ablehnst, was du eigentlich haben willst. Solange deine Schwingungsfrequenz nicht zu deinem Gedachten oder Gesagten passt, bleibst du auf der Stelle stehen.

Als Kind fand ich die Aussage meiner Oma, „Ich bin ein Pechvogel", teilweise befremdlich. Das lag weniger an der Schwingungsfrequenz, die in diesem Fall eher im Einklang mit ihr war, sondern vielmehr daran, dass es für mich keinen Sinn ergab. Ich wollte als Kind die Dinge verstehen. Dazu musste es aber für mich logisch sein und Sinn ergeben. Warum ein Mensch ständig Pech haben sollte, erschien mir unlogisch. Ich habe es weder damals geglaubt noch glaube ich heute daran. Aber genau darum geht es schlussendlich und das musst auch du dich fragen: Woran möchtest du glauben? Möchtest du daran glauben, dass du dem Leben ausgeliefert bist, dass du Opfer der Umstände bist und es nicht in der Hand hast, etwas Grundlegendes zu verändern? Möchtest du daran glauben, dass es einen Gott gibt, der über dich richtet, der dich bei guten Taten belohnt und bei schlechten bestraft? Oder möchtest du daran glauben, dass du in der Lage bist, dein Leben selbst zu gestalten? Möchtest du glauben, dass du kraftvoll genug bist, dein Leben selbstbestimmt zu kreieren? Die Entscheidung liegt ganz allein bei dir.

2
Die Urkraft in uns

Ich gehörte zu den Menschen, die Spiritualität und Selbstverwirklichung nicht nur kritisch, sondern auch mit viel Spott begegneten. Dennoch gab es eine Phase in meinem Leben, in der ich und ein paar meiner Klassenkameraden uns mit verschiedenen Atemtechniken beschäftigten, die in gewisser Weise auch spirituell waren. Eine Technik faszinierte uns besonders: Wir hyperventilierten für mehrere Minuten und hielten dann die Luft so lange wie möglich an, während uns jemand anderes auf die Brust drückte.

Ich habe keine Ahnung, wer von uns damals auf diese Idee gekommen war. Wir waren zwischen zwölf und 13 Jahre alt und haben dieses Experiment vor allem im Schullandheim bis zum Gehtnichtmehr an uns ausprobiert. Das Gefühl, das ich dabei hatte, war eine Kombination aus schwebender Benommenheit und Freiheit. Ich war da und irgendwie trotzdem weit weg. Manchmal kam danach ein Schwall an Emotionen aus mir heraus. Tränen liefen und ich wusste gar nicht, warum. Etwas Spirituelles hatte mich gepackt. Zu diesem Zeitpunkt konnte ich das nicht in Worte fassen, aber ich fühlte eine Erfahrung, die über das rein Physische hinausging. Jedoch habe ich mich nie damit befasst, woher meine Emotionen nach dem intensiven Atmen kamen und ob sie mir etwas sagen wollten, schon gar nicht als Teenie. Genauso wenig habe ich mich als Teenager und als junge Erwachsene wirklich dafür interessiert, was ich an meinem Leben ändern könnte. Immerhin war ich überzeugt davon, dass alle anderen, aber niemals ich selbst für meine teils missliche Lage verantwortlich wären. Demnach begegnete ich allem, was auch nur ansatzweise für Veränderung, Fülle und Selbstverwirklichung stand, mit großem Augenrollen. Bis ich mit Mitte 20 an einem Punkt in meinem Leben ankam, an dem ich so ratlos und verzweifelt war, dass ich gar keine Kraft mehr hatte, mich gegen eine mögliche Spiritualität aufzubäumen. Ich war mindestens genauso verzweifelt wie knapp zehn Jahre zuvor, als ich leicht betrunken um halb vier Uhr morgens mit meinen Freunden in einer Pizzeria saß und mein restliches Geld für eine Vier-Käse-Pizza ausgab.

Verzweiflung führt manchmal zu unvorstellbaren Taten.

Häufiges Resultat einer würzigen Pizza und einem gewissen Alkoholpegel ist unglaublicher Durst. Der Kellner wollte mir kein Glas Wasser bringen, da ich schlicht und ergreifend keinen Cent mehr hatte, es zu bezahlen. In meiner betrunkenen Verzweiflung gab es für mich nur eine Möglichkeit: die Vase auf dem Tisch.

Ich fand, die rote Rose war deutlich weniger wasserbedürftig als ich. Also schnappte ich mir die Blumenvase und kippte das Wasser runter. Es schmeckte tatsächlich nach Rose. Die Möglichkeit, auf der Toilette aus dem Wasserhahn zu trinken, kam meinem Gehirn, getränkt in Alcopops, nicht in den Sinn.

Ähnlich verzweifelt war ich erneut ein paar Jahre später. Diesmal hielt die Verzweiflung jedoch deutlich länger an als nur ein paar Minuten des Durstes. Ich war bereit, mich an jedem noch so kleinen Strohhalm festzukrallen, Hauptsache, ich würde aus meiner jetzigen Lebenssituation fliehen können.

Mit der Haltung „Ich habe nichts zu verlieren" fing ich an, jegliche Selbsthilfebücher zu verschlingen und Seminare für Selbstverwirklichung zu besuchen. Während ich Bücher las und Coachings besuchte, stieß ich unweigerlich immer wieder auf dasselbe Thema: Das Gesetz der Anziehungskraft. Ich hatte davon schon gehört und gelesen. Das Gesetz der Anziehungskraft besagt, dass unsere Gedanken und Emotionen unsere Realität beeinflussen und dass wir das, worauf wir unsere Aufmerksamkeit richten, in unser Leben ziehen. Wenn wir positive Gedanken und Gefühle haben, ziehen wir demnach positive Ereignisse und Erfahrungen an, während negative Gedanken und Gefühle negative Situationen anziehen können. Es geht darum, dass das, worauf wir unsere Aufmerksamkeit lenken und woran wir glauben, sich in unserem Leben manifestiert.

Wenn jemand zum Beispiel ständig darüber nachdenkt, dass er glücklich und erfolgreich sein möchte, zieht er entsprechende Gelegenheiten und Menschen an, die ihm dabei helfen können, seine Ziele zu erreichen. Wenn jemand sich darauf konzentriert, selbstbewusster und zufriedener zu werden und sich vorstellt, wie er in verschiedenen Situationen selbstsicher und glücklich agiert, wird er tendenziell eher auf Möglichkeiten zur persönlichen Weiterentwicklung stoßen. Er könnte auf hilfreiche Bücher, Kurse oder Mentoren treffen, die ihm dabei helfen, seine Ziele zu erreichen.

So verhält es sich auch, wenn jemand positive Gedanken über Freundschaften und Beziehungen hat und sich vorstellt, wie es wäre, liebevolle und unterstützende Freunde zu haben. Mit dieser Einstellung wird er eher offener und freundlicher auf andere zugehen. Diese positive Ausstrahlung kann dazu führen, dass er neue Freunde findet, die seine positiven Gedanken widerspiegeln und bestehende Beziehungen stärkt.

Gleichzeitig wirkt diese Anziehungskraft auch in entgegengesetzter Richtung: Wenn jemand regelmäßig negativ über seine Fähigkeiten oder seine Zukunft denkt, zieht er unbewusst genau diese negativen Ergebnisse an. Jemand, der sich ständig Sorgen macht, nicht gut genug zu sein und dass ihm keine Chancen geboten werden, kreiert sich mit hoher Wahrscheinlichkeit diese Zweifel in seine Realität, da er sich weniger traut, Möglichkeiten verpasst oder frühzeitig aufgibt. Ebenso kann jemand, der ständig Konflikte erwartet oder das Schlechteste von anderen annimmt, genau diese Art von problematischen Beziehungen in sein Leben ziehen. Statt offener und kooperativer Begegnungen bestätigt er durch seine Einstellung oft das negative Bild, das er sich von anderen gemacht hat.

Ich fing schrittweise an, das Empfohlene umzusetzen und fühlte mich direkt besser. Allein zu wissen, dass ich ab sofort die Dinge in meinem Leben selbst in die Hand nehmen konnte, verlieh mir eine unglaubliche Kraft und einen enormen Energieschub.

Das Gesetz der Anziehungskraft ist so einfach in seiner Funktionalität. Dennoch neigen Menschen dazu, die Dinge gern kompliziert machen zu wollen, ohne es wirklich zu bemerken. Warum also funktioniert es nicht immer oder nur bei einigen mit dem Manifestieren? Warum ist der Großteil der Masse in der Lage, sich regelmäßig einen freien Parkplatz zu denken, aber keinen finanziellen Durchbruch? Warum passiert so oft das Gegenteil von dem, was wir uns wünschen?

Auf all diese Fragen und auf viele mehr findest du in diesem Buch Antworten. Ich selbst durfte die letzten Jahre lernen, was es bedeutet, sich Großes in das eigene Leben zu ziehen. Ich habe viele Hochs und mindestens genauso viele Tiefs erlebt. Ich habe unbewusst die Dinge komplizierter und enger gemacht als nötig. Ich habe oft an mir, meinen Fähigkeiten und meiner Spiritualität gezweifelt.

Heute nicht mehr. Heute spüre ich, dass es keinen besseren Zeitpunkt gibt, dieses Buch mit dir zu teilen. Dich an meinen Weisheiten teilhaben zu lassen, damit du nie wieder auch nur mit dem kleinen Zeh überlegst, aufzugeben, geschweige denn, deine Großartigkeit und deine Manifestationskünste infrage zu stellen. Es wird Zeit, dass du dir ein Leben kreierst, von dem du schon lange träumst.

Was wir dafür brauchen, ist die Gewissheit, dass wir stets mit der Urkraft verbunden sind, weil sie tief in uns verankert ist.

Die Urkraft ist eine alles durchdringende Energie und die Essenz des Universums. Eine Energie, die sowohl im Inneren als auch im Äußeren existiert und die Grundlage für alles Leben bildet. Es ist eine Kraft, die wir nicht direkt sehen können, die aber in allem präsent ist und eine transformative Wirkung haben kann, wenn wir uns mit ihr verbinden und sie nutzen. Die Urkraft ist deine unsichtbare Superpower. Du sendest und empfängst ständig Energie, unbewusst wie bewusst. Damit du das empfängst, was du dir wünschst, ist es notwendig, dass du deine Energie an deine Wünsche anpasst und radikal danach handelst. Wenn du eine große Party schmeißt, bei der du dir wünschst, dass deine Gäste auf der Tanzfläche abrocken, brauchst du die dazu passende Musik. Stellst du jetzt allerdings am Radio einen Nachrichtensender ein, wird niemand auch nur mit dem Fuß wippen. Was es braucht, um deine Wünsche Wirklichkeit werden zu lassen, ist die richtige Frequenz. Wie beim Radio auch. Wenn du im Auto sitzt und Country-Musik aus dem Radiosprecher dröhnt, du aber die neuesten Schlagerhits hören willst, dann änderst du doch auch die Radiofrequenz und schaltest zum nächsten Sender, oder?

Nichts anderes ist es, wenn du feststellst, dass du keinen Bock mehr hast, bei deinem derzeitigen Arbeitgeber zu arbeiten. Du änderst bestenfalls deine Frequenz auf „Neuer Job mit besseren Bedingungen". Es braucht dein Vertrauen, dass du trotz der momentanen Umstände in der Lage bist, deine Lebenssituation zu verändern. Gibt es jetzt überhaupt noch viel mehr zu sagen? Sollten die bisherigen Informationen nicht ausreichen, um dir ein Leben in absoluter Fülle zu kreieren? Ja und nein! Es sind deine bisherigen Lebenserfahrungen, die dich hier und da davon abhalten, das Gesetz der Anziehungskraft so für dich zu nutzen, wie du es dir in Wahrheit wünschst. Denn je nach dem, in welcher Beziehung du zu deiner Vergangenheit und Zukunft stehst, sieht deine heutige Gegenwart aus.

3
Es funktioniert einfach nicht!

„Heute kauf ich mir eine neue Hose!", verkündete eine gute Freundin von mir voller Tatendrang und Enthusiasmus. Doch dieser verflog schnell, als sie in der Umkleide eines großen Shoppingcenters stand und entsetzt feststellte, dass keine der ausgewählten Hosen richtig passte oder ihr gefiel. Es flogen Hosen im hohen Bogen aus der Kabine, weil sie unbequem waren, nicht zugingen, unvorteilhaft aussahen oder zu groß waren. Keine Hose hatte einen guten Sitz, bis tatatadaaaa endlich eine Hose richtig gut passte. Die Verkäuferin, die die ganze Zeit versuchte, meine Freundin zu ermutigen und Hose für Hose wieder ordentlich zurück auf die Kleiderstangen hing, staunte nicht schlecht, als meine Freundin freudestrahlend aus der Umkleidekabine stolzierte und rief: „Die Hose ist super! Die ist perfekt! Die nehme ich! Habt ihr die noch in anderen Farben?" Etwas zurückhaltend und leicht irritiert antwortete die Verkäuferin: „Das ist doch Ihre eigene!" Als meine Freundin an sich herunterschaute, musste sie bestürzt feststellen, dass sie ihre eigene Hose anhatte, die deswegen so gemütlich saß, weil sie den Schnitt und das Material kannte. Frustriert und enttäuscht kaufte sie an diesem Tag keine neue Hose, sondern ging mit ihrer alten zurück nach Hause und schwor sich, die nächste Zeit einen großen Bogen um jegliche Einkaufshäuser zu machen. Diese Geschichte ist und bleibt eine unserer Lieblingsgeschichten, über die wir immer noch herzlich lachen.

Kennst du solche Situationen? Du hast eine großartige Idee, einen Plan, bist voller Tatendrang und euphorisch, deinen Einfall umzusetzen. Du fühlst dich, als könnte dich nichts aufhalten. Jetzt ist der Zeitpunkt gekommen, jetzt veränderst du etwas, jetzt startest du etwas Neues, Tschakka!

Doch manchmal hält uns die Komfortzone, wie die alte Hose meiner Freundin, davon ab, wirklich etwas zu verändern. Diese Unsicherheiten und Ängste, die uns zurückhalten, sind tief in unserem Unterbewusstsein verwurzelt und beeinflussen unser Handeln oft mehr, als uns lieb ist. Du gibst auf, wenn die Chance nach etwas Neuem zum Greifen nah ist. Wie meine Freundin, die zwar in der Theorie eine neue Hose wollte, aber nicht bereit war, sich mit einer neuen Hose anzufreunden, weil ihre Komfortzone, ihr sicherer Hafen, ihre alte Hose war. Meine Freundin wollte keine neue Hose, sie wollte ihre alte Hose in neu. Und das ist oftmals das Problem, wenn du versuchst, etwas in deinem Leben zu verändern und dein Ziel zu erreichen. Du denkst, du wärst bereit für ein neues Leben und neue Umstände, aber in Wahrheit willst du dich keinen Meter von der Stelle bewegen.

Hör auf, vor deinen Ängsten wegzurennen. Sie werden dich so lange einholen, bis du dich ihnen stellst!

Du hast Angst? Das versteh ich. Das ist menschlich. Und noch menschlicher ist, dass dir oftmals gar nicht bewusst ist, wie sehr du Dinge nicht tust aufgrund deiner Angst beziehungsweise tust aus Angst. Du denkst zwar, du handelst und entscheidest in vollem Bewusstsein und aus deinem Verstand heraus, allerdings trifft in den meisten Fällen dein Unterbewusstsein die Entscheidung. Die meiste Zeit deines Lebens agierst du instinktiv und nennst dir dafür erst im Nachhinein rationale Gründe. Genau deswegen denken viele

Menschen fälschlicherweise, dass sie sich von ihrer Intuition leiten lassen. In Wahrheit steckt dahinter oft eine ihrer unsichtbaren Barrieren. Deine eigenen unsichtbaren Barrieren lernst du in Teil 3 kennen. In Teil 3 lernst du auch, diese zu überwinden und aufzulösen.

Bitte versteh mich hier richtig, Intuition ist super und ich selbst liebe es, meinen inneren Impulsen zu lauschen und ihnen dann auch zu folgen. Allerdings bedarf es eines bewussten Trainings, deine Intuition so für dich einzusetzen, dass sie dir und deinen Visionen dienlich ist. Hast du kein Bewusstsein darüber, wie sehr dich dein Unterbewusstsein und die damit verbundenen Ängste beeinflussen, nützt dir deine Intuition eher wenig, denn dann machst du hauptsächlich alles aus Angst oder vielmehr das meiste eben nicht aufgrund deiner Angst. Man könnte auch sagen, aus fehlgeprägtem Instinkt.

Machst du es aus Angst oder aus Intuition?

Dein Unterbewusstsein ist die Summe aller Eindrücke, Erfahrungen, Emotionen und Erinnerungen, die du in deinem bisherigen Leben gesammelt hast. Es nimmt täglich Informationen auf und verarbeitet diese. Vor allem in deiner frühen Kindheit wird dein Unterbewusstsein geprägt.

Keine Sorge, dein Unterbewusstsein ist flexibel und du hast durchaus die Möglichkeit und die Kraft, in deinem heutigen Erwachsenenalter etwas an alten und dir heute nicht mehr dienlichen Informationen, die in deinem Unterbewusstsein abgespeichert sind, zu ändern. Warum du vor allem von deiner Kindheit geprägt bist, liegt daran, dass unser menschliches Gehirn in unserer Kindheit noch sehr formbar und plastisch ist.

Bedeutet, wir sind als Kinder sehr empfänglich für Informationen. Dein Gehirn hat die Fähigkeit, sich anzupassen und zu verändern, indem es neue neuronale Verbindungen bildet oder bestehende Verbindungen verstärkt oder schwächt. Dies ermöglicht es dem Gehirn, auf neue Erfahrungen und Umgebungen zu reagieren und sich entsprechend anzupassen.

Kinder können Sprache, motorische Fähigkeiten, soziale Fertigkeiten und kognitive Konzepte relativ schnell und effizient aufnehmen und integrieren. Genauso werden in dieser Phase grundlegende Verhaltensweisen, Glaubenssätze und Muster geprägt, was langfristige Auswirkungen auf die Persönlichkeit und das Verhalten eines Menschen haben kann. Es ist also sehr gut möglich, dass du aufgrund deiner Kindheit gewisse Glaubenssätze und Überzeugungen integriert hast, die dich derzeit noch davon abhalten, deine Träume zu realisieren. Und nein, es ist nicht deine Schuld, dass du diese Glaubenssätze und Überzeugungen in dir trägst, es ist niemandes Schuld. Es ist allerdings deine Entscheidung und liegt in deiner Verantwortung, zukünftig diese Barrieren zu überwinden und hinter dir zu lassen.

4

Die ewige Vergangenheit

Bitte lauf jetzt nicht Gefahr, all deine Glaubenssätze, Erinnerungen und Überzeugungen aus deiner Kindheit zu analysieren. Das führt zu nichts, außer dass du in eine Abwärtsspirale gerätst, die dich nur noch weiter von deinen Visionen entfernt. Natürlich kann es wertvoll sein, zu verstehen, woher deine Glaubenssätze, Verhaltensmuster und Ängste kommen. Aber ununterbrochen in der Vergangenheit zu wühlen, bringt dich auf deinem Weg nicht weiter, sondern hält dich nur zurück! Du lebst jetzt und vor dir liegt deine Zukunft! Wenn du dir vor Jahren an einem Sushi-Abend eine Fischvergiftung zugezogen hast, dann wirst du vielleicht zukünftig kein Sushi oder generell keinen Fisch mehr essen. Deswegen jetzt aber gar nichts mehr zu essen oder bei jeder Mahlzeit darüber nachzudenken, wie schlecht es dir damals ging, verdirbt dir nicht nur den Appetit, sondern führt dazu, dass dein Unterbewusstsein abspeichert, dass Essen generell gefährlich ist. In diesem unbewussten Angstzustand ist es unmöglich, ein erfülltes und freies Leben zu leben.

Kann es trotzdem hilfreich sein, mit bestimmten Tools Erlebtes aus der Vergangenheit aufzuarbeiten und aufzulösen? Ja, natürlich! Es gibt viele Möglichkeiten, wie du alte Emotionen und vergangenen Groll loswerden kannst. Die Herausforderung bei allen Methoden in Therapie, Coaching und spirituellen Kreisen besteht darin, ihnen nicht zu viel Macht über dich und dein Leben zu geben. Nicht jede Methode funktioniert bei jedem, daher ist es unsinnig, dich in Dinge hineinzuzwängen, die gar nicht zu dir passen. Denke aber auch an meine Hosenfreundin, die einfach nicht aus ihrer Komfortzone herauswollte.

Neue Techniken, Denkweisen und Herangehensweisen können anfangs unbequem und komisch sein. Erlaube dir diese Erfahrungen, bleib neugierig, sei offen und habe Spaß! Ich möchte dich lediglich dazu ermutigen, gewisse Sachen nicht größer zu machen, als sie sind, und ihnen nicht zu erliegen. Wenn du es eine Zeit lang nicht geschafft hast, zu meditieren, ist das auch okay. Wenn du eine Tarotkarte ziehst, mit der du nichts anfangen kannst, zieh einfach eine neue! Schenk den Dingen nicht zu viel Bedeutung! Gib ihnen keine Macht über dich!

Auf einem meiner Retreats habe ich mit verschiedenen Tools gearbeitet, die ich im Laufe der Jahre gelernt und teils selbst entwickelt habe. Eines davon war ein Vergebungsritual, das die Teilnehmer dabei unterstützt, sich selbst oder anderen zu vergeben. Diese Methode kann sehr kraftvoll sein, wenn sie richtig angewandt wird. Eine der Teilnehmerinnen hatte schon länger ein Thema, das sie im Retreat auflösen wollte.

Sie hatte sich auf eine Person fixiert, der sie vergeben wollte. In ihr steckten eine große, unbewusste Wut und viele Vorwürfe. Gleichzeitig war sie in ihrem Alltag stets bemüht, nicht wütend zu sein. Als wir unsere Session in der Gruppe starteten, merkte ich schnell, dass diese Art von Vergebungsarbeit hier nicht funktionierte. Die Teilnehmerin lehrte anderen Vergebung, machte aber bei ihrem eigenen Thema dicht.

Wenn sich dein System bedroht fühlt, fährt es Schutzmechanismen hoch. In diesem Zustand prallt alles an dir ab, und du verschließt dich. Genau das passierte bei dieser Teilnehmerin.

Wenn du wahre Veränderung in deinem Leben suchst,
musst du bereit sein, dich deinen inneren
Widerständen zu stellen.

Da das Retreat aus einer kleinen Gruppe von Frauen bestand, mit denen ich bereits intensiv gearbeitet hatte, beschloss ich spontan, eine Aufstellungsmethode anzuwenden. Ich nahm die Rolle der zu vergebenden Person ein. Was dann passierte, war entscheidend. Meine Kundin wurde zum ersten Mal seit langer Zeit wütend. All die unterdrückten Emotionen, die sie als Schwere und Druck im Alltag wahrnahm, brachen aus ihr heraus. Sie wurde mit ihren Emotionen konfrontiert, die sie so lange nicht wahrhaben wollte. In einer dieser Emotionswellen rief sie: „Das ist unverzeihlich!"

Manchmal ist die sogenannte „Wunderpille" zu großen
Veränderungen, der radikale und
ehrliche Blick nach innen.

Wie viele Menschen sitzen da draußen und wiederholen regelmäßig die klassischen vier Vergebungssätze aus dem Ho'oponopono, „Es tut mir leid. Bitte vergib mir. Ich liebe dich. Danke."?

Und es passiert so oft nichts! Dasselbe gilt für positive Affirmationen, Journaling, Meditation, Ernährungsumstellung, Ayahuasca-Zeremonien, Aufstellungsarbeit, Breathwork und mehr. Du kannst nichts mit deinem Verstand erzwingen, was nicht kongruent mit deinem Inneren ist!

Meine Kundin hatte zu dem Zeitpunkt gar nicht die wirkliche Bereitschaft zu vergeben. Sie hatte es selbst gesagt: „Das ist unverzeihlich." Allein das zu akzeptieren und sich nicht mehr zu einer Vergebung zu zwingen, hat sie erleichtert, und das Geschehene verlor an Macht. Habe bitte nicht das Gefühl, etwas tun zu müssen. Diesen Kampf kannst du nur verlieren. Dinge brauchen manchmal einfach mehr Zeit. Und manchmal auch mehr, als dir lieb ist.

Jede Methode kann dir helfen, aber gleichzeitig kann keine Methode dir helfen, solange du nicht bereit bist, 100-prozentig Verantwortung für dich und deine unsichtbaren Barrieren zu übernehmen. Wenn du jemandem nicht verzeihen willst oder kannst, schleppst du diese alte Geschichte dein Leben lang mit dir herum. Wenn du dir selbst etwas nicht vergeben kannst, ist ein Leben in innerem Frieden unmöglich! Vergebung bedeutet nicht, dass du das Geschehene gutheißen musst. Vergebung ist ein Loslassen und Weitergehen. Es ist die Entscheidung, nichts und niemandem mehr aus der Vergangenheit Macht über dein Wohlbefinden und dein zukünftiges Leben zu geben. Denk mal darüber nach!

Wenn du in der Lage bist, dich nicht mehr schuldig zu fühlen und auch niemand anderen mehr für deine Lebenssituation schuldig zu sprechen, dann gibt es auch nicht mehr viel zu vergeben, oder?

Kann es so einfach sein? Kein Opfer, kein Täter mehr zu sein? Keine Schuldgefühle mehr, weder dir noch anderen gegenüber? Theoretisch ja! Im wahren Leben sieht das anders aus. Selbst Menschen mit tiefem inneren Frieden stehen vor Schwierigkeiten – der Unterschied liegt darin, dass sie sich davon nicht so leicht aus der Balance bringen lassen. Für dich bedeutet das, dass du den Druck herausnehmen und deine Erwartungen an dich selbst herunterschrauben kannst. Freue dich auf deine persönliche Reise und über deine bisherigen Lebenserfahrungen, die dich zu dem Menschen gemacht haben, der du heute bist. Sieh dieses Buch als eine Art Erlaubnis, die du dir bisher selbst nicht gegeben hast, und habe Spaß in deinem Leben. Genieße die Prozesse beim Verfolgen deiner Ziele. Niemand kann dies besser als du. Also vertraue auf deine Großartigkeit!

5

Das Streben nach dem guten Menschen in uns

„Ich bin so glücklich und dankbar, dass ich jeden Tag ein noch besserer Mensch bin!" Diesen Satz schrieb ich längere Zeit fast täglich in mein Journal. Heute fühlt er sich eng an. Vielleicht gehörst du zu den Menschen, die sich noch nie mit Persönlichkeitsentwicklung oder irgendwelchen spirituellen Dingen auseinandergesetzt haben oder aber dir sind diese Begriffe und die dazugehörigen Thematiken sehr wohl ein Begriff. Das spielt aber kaum eine Rolle, denn die Sehnsucht, ein guter Mensch zu sein, steckt in jedem von uns. Ist das verwerflich? Nein. Ist es hinderlich beim Erreichen deiner Ziele? Meistens. Engt es ein und füttert regelmäßig dein schlechtes Gewissen? Definitiv. Führt es zu Trennung und Verletzung innerhalb der Gesellschaft? Ja!

Gut und schlecht sowie richtig und falsch sind alles relative Begriffe, die nur aufgrund deines eigenen Wertesystems von dir eingesetzt werden. Für fast alle meiner Coaching-Kunden ist es ein riesiges Problem, Grenzen innerhalb ihrer zwischenmenschlichen Beziehungen zu ziehen. Nein zu etwas und zu jemandem zu sagen, fällt uns schwer, gerade bei Menschen, die wir lieben, oder von denen wir gemocht werden wollen.

Oft kommen meine Kunden völlig ausgebrannt und erschöpft zu mir. Sie klagen darüber, dass sie keine Energie mehr haben, und wünschen sich, wieder mehr in ihrer Kraft zu stehen. Dass sie seit Jahren ihre Grenzen überschreiten, ständig versuchen, die Bedürfnisse ihres Umfelds zu bedienen und sich selbst dabei vollkommen vergessen und somit energetisch und emotional verkümmern, wird ihnen meist erst innerhalb unseres Coachings bewusst. Den Schritt zu gehen und zukünftig für sich selbst und die eigenen Bedürfnisse einzustehen und somit auch mal Nein zu sagen zum Chef, der Kollegin, den Eltern und dem Freundeskreis, fällt vielen schwer. Denn ein lieber guter Mensch macht das doch nicht, oder doch? Das darfst du selbst entscheiden, denn nochmals zur Erinnerung, richtig und falsch sind zwei relative Begriffe, die auf deiner ganz individuellen Bewertung basieren.

Solange du glaubst, dass es dich zu einem schlechten Menschen macht, wenn du dich an allererste Stelle setzt, was dein persönliches Wohlbefinden betrifft, wirst du dein Leben lang eine Marionette deines Umfelds sein. Anstatt dich darauf zu konzentrieren, was andere über dich denken, darfst du prüfen, was du von dir selbst hältst. Mir hat der Großteil der Masse und auch ein großer Teil meines damaligen Umfelds vorgeworfen, ich sei unsolidarisch, unverantwortlich und falsch. Ich wurde beschuldigt, beleidigt und abgelehnt, weil ich einen anderen, einen unkonventionellen Umgang mit dem Thema Gesundheit hatte und immer noch habe. Zur Strafe wurde mir der Zugang zu vielen Orten wie Restaurants, Kinos und Thermen verboten. Ich wurde von Geburtstagen ausgeladen oder andere Gäste sind wegen mir gar nicht erst gekommen. Aber egal, wie viele unschöne Dinge ich zu hören und lesen bekam, egal, wie sehr mich die ablehnenden Worte und Textnachrichten auch verletzten, ich bin mir selbst immer treu und dadurch gesund geblieben.

Was dabei unglaublich hilft, ist zu verstehen, warum dein Umfeld so reagiert, wie es reagiert. Die Mehrheit der Menschen wird von Angst regiert. Und wenn jemand aus diesem Muster ausschert, verstärkt das die Angst der anderen erst recht. Aber Angst ist immer schon vorher da. Wenn du dich in deinem

Körper sicher fühlst, dann lässt du dich nicht so schnell bedrohen. Wenn du dich in dir selbst sicher fühlst und darauf vertraust, immer für alles eine Lösung zu haben, dann lässt du dich vor drohenden Konsequenzen nicht so schnell in die Ecke drängen.

Ich kann das verstehen, ich habe auch Angst. In anderen Kontexten zwar, aber ich weiß, wie mächtig Angst ist. Deswegen ist mein persönlicher Ansatz – meines Erachtens einer der vielen Schlüssel zu einem freien, selbstbestimmten und glücklichen Leben – die Konfrontation mit deinen Ängsten. Der Blick nach innen sowie die Bewusstseinsarbeit helfen dir, dich sicherer zu fühlen. Ein gewisses Verständnis Menschen entgegenzubringen, die dich, wie in meinem beschriebenen Fall, verletzen oder ausgrenzen, ist die eine Sache. Es bedeutet aber noch lange nicht, dass du ihr Verhalten dulden musst. Du darfst deine Grenzen ziehen und immer im Hinterkopf behalten, dass das Einzige, was in Wahrheit zählt, ist das, was du über dich denkst. Wenn es sich für dich richtig anfühlt, dich von deinem Partner zu trennen, bei deinem Job zu kündigen, dich selbstständig zu machen, auszuwandern, Gesundheit für dich anders zu definieren als dein Umfeld, mach es!

Lass dich nicht davon abhalten, nur weil jemand anderes dein Verhalten für falsch erklärt. Der unbewusste Drang, ein guter Mensch zu sein, bedeutet energetisch nichts anderes, als dazugehören zu wollen, Angst davor zu haben, ausgeschlossen oder abgelehnt zu werden. Aber wenn deine Sehnsucht nach innerer Zufriedenheit plötzlich größer wird als die Sehnsucht, anderen gerecht zu werden, erkennst du, wie hoch der Preis ist, den du bisher gezahlt hast.

Du darfst die Bezeichnung für einen guten Menschen für dich neu definieren, unabhängig davon, was die Masse denkt. Wenn du dir die Masse genauer anschaust, wirst du erkennen, dass der Großteil erschöpft und unzufrieden durchs Leben rennt. Wie sehr möchtest du noch dazugehören?

Die Sehnsucht nach Anerkennung im Außen ist das Todesurteil für ein selbstbestimmtes und erfülltes Leben!

Als ich zum ersten Mal tief und ganz bewusst in die Welt der zum Teil spirituellen Persönlichkeitsentwicklung eintrat, befand ich mich gerade in einer persönlichen Krise. Ich hatte keine Idee mehr, wie ich endlich mein Leben auf die Reihe kriegen würde. Ich war erschöpft und hilflos und sehnte mich nach einer Lösung, einem Hoffnungsschimmer. Und den fand ich genau dort – in Büchern, Podcasts, Workshops, Coachings und im Kreis von Menschen, die selbst auf ihrer persönlichen Reise waren und die alle etwas miteinander verband: Die Überzeugung, grundlegend etwas in ihrem Leben verändern zu wollen und zu können.

Die meisten Menschen fangen erst an, sich Themen wie Selbstheilungskräfte und Selbstbestimmung zu öffnen, wenn sie in einer Krise stecken oder eine sehr prägende Erfahrung hinter sich haben. Es war also ein fast normaler Prozess, in dem ich mich befand. Wiederkehrende Probleme, bis irgendwann ein größerer Knall kam und meine bisherigen Strategien nicht mehr funktionierten. In diese Welt einzutauchen, die mir plötzlich versprach, mein Leben selbst in die Hand nehmen und gestalten zu können, war mein persönlicher Jackpot. Zum ersten Mal begann ich bewusst, mir Dinge zu manifestieren und mich mit meinen Gedanken auseinanderzusetzen.

Manifestieren bedeutet, das Gesetz der Anziehungskraft bewusst und gezielt für dich zu nutzen. Mithilfe von Vorstellungskraft und der klaren Ausrichtung deiner Energie schaffst du es, gewünschte Dinge, Zustände oder Ereignisse in deine gelebte Wirklichkeit zu bringen. Du fokussierst dich regelmäßig auf deinen Wunsch und vertraust darauf, dass dies bereits deine neue Realität ist. Gleichzeitig folgst du den Impulsen, die in dieser Phase aufkommen, um deinen Wunsch Schritt für Schritt zur Wirklichkeit werden zu lassen.

Manifestieren ist ein Zusammenspiel aus Visualisieren, Vertrauen, Loslassen, Kreieren und Empfangen. Es geht darum, die notwendigen Schritte zu gehen, die im Einklang mit deinem Wunsch stehen, während du deiner inneren Führung und Energie vertraust, ohne dich zwanghaft an das Ergebnis zu klammern. Letztendlich ist Manifestieren die bewusste Lenkung von Gedanken, Gefühlen und Handlungen, um deine Visionen in der Realität zu zelebrieren.

Diese Erfahrung hat mein Leben bis heute positiv verändert, mir enorm viel Kraft gegeben und Unmögliches möglich gemacht. Allerdings war ich anfangs noch nicht bereit, auch die volle Verantwortung für diese neue Lebensart zu übernehmen. Das beobachte ich auch immer wieder bei Kolleginnen, Kunden und meinem Umfeld, wenn es darum geht, Unmögliches möglich zu machen und sich dem Thema Manifestieren zu stellen sowie sich einem Leben in purer Fülle zu öffnen. Ja, du hast es in der Hand und kannst Großes in dein Leben ziehen, aber bist du wirklich bereit, die volle Verantwortung dafür zu übernehmen? In die noch so dunkelste und meist unschöne Wahrheit deines Selbst zu blicken, dich damit auseinanderzusetzen und dann diesen blinden Fleck, der dich bisher blockiert hat, aufzulösen? Bei mir hat das tatsächlich etwas länger gedauert, bis ich nicht nur glaubte, bereit dafür zu sein, sondern bis ich es auch wirklich war!

Ich war also fasziniert von dieser Welt, die, grob gesagt, für „Alles ist möglich" stand, gleichzeitig war ich aber auch noch in einem sehr unbewussten, verletzten und unsicheren Zustand. Ich hatte zwar jetzt durch die verschiedenen Bücher und Seminare in der Theorie gelernt, wie ich meine Schwingungsfrequenz erhöhen und wie ich manifestieren kann, sowie, dass ich die Schöpferin meines Lebens bin, aber drei Sachen blieben gleich:

1. Das Gefühl, ausgeliefert zu sein. Diesmal nicht mehr dem Leben selbst, sondern dem Universum. Etwas, das größer ist als ich, mich beobachtet und über mich und meine Taten richtet.

2. Die daraus resultierende Abgabe von Verantwortung für die Ereignisse und Ergebnisse in meinem Leben.

3. Das Bedürfnis, alles gut und richtig machen zu wollen, um anschließend belohnt zu werden, weil ich ein so guter Mensch bin.

Wenn du daran glaubst, dass es für dich möglich ist, stehen die Chancen gut, dass dein Wunsch in Erfüllung geht. Wenn du weißt, dass deine Vision Wirklichkeit wird, bist du unbesiegbar!

Der Großteil meines Lebens bestand nun darin, ein richtig guter Mensch zu werden, der es würdig war, vom Universum belohnt zu werden, indem meine Wünsche erhört und erfüllt wurden. Was für ein Quatsch, oder? Natürlich habe ich das damals nicht so gesehen. Es fiel mir erst später im Laufe der Jahre auf, als jede Manifestation gefühlt mehr ein Kampf als ein Spaß war. Der Druck und die Erwartungen an mich selbst stiegen ständig. Es gab immer noch mehr, das ich lernen und beachten musste, um meine Manifestationswünsche zu erreichen. Es gab eine Zeit in meinem Leben, da nahm ich – auf Anweisung bzw. Empfehlung des Coaches– strikt für ein Jahr keine Substanzen zu mir, die mein Nervensystem stimulieren könnten. Darunter fielen Zigaretten, Drogen und industrieller Zucker. Kein Problem für mich, aber auch keinen Kakao, Kaffee und Alkohol zu konsumieren, war eine andere Hausnummer. Ebenso verzichtete ich auf Knoblauch und jegliche Zwiebelarten.

Du musst wissen, dass ich in Dingen, die ich machen will, sehr diszipliniert und engagiert bin und in der Regel alles erst mal durchziehe. So war es auch innerhalb dieses Coachings, in dem es eben dazugehörte, all die oben genannten Substanzen nicht zu konsumieren, um so nüchtern wie möglich zu sein und dadurch unter anderem besser die eigenen Gefühle wahrnehmen zu können, so die Aussage des Coaches. Das Coaching bestand zudem aus weiteren Methoden, die bei den Teilnehmern, mich eingeschlossen, zum Teil tolle Effekte erzielten.

Aber auch hier, mit ein bisschen Abstand, war deutlich zu erkennen, wie sehr wir alle in einem Gefängnis mit selbst auferlegten Regeln lebten.

Unsere Gruppe von etwa zehn bis 15 Menschen war bezüglich Alter, Geschlecht und Beruf bunt gemischt. Das Einzige, das uns alle verband, war der Glaube, dass diese Art von Arbeit uns helfen würde, frei zu werden. Frei von Schmerzen, sowohl physisch als auch psychisch. Eine weitere Gemeinsamkeit, die wir alle lebten, war eine dicke fette Lüge. Der Coach der Gruppe, der Wasser predigte, aber Wein trank, war alles andere als integer. Er trank keinen Alkohol – es war ja seine Philosophie und die einzig wahre Herangehensweise für ein gesundes und glückliches Leben, wenn alle bereits genannten Substanzen nicht konsumiert wurden. Und mit Sicherheit ist an dieser Theorie auch etwas dran. Es gibt nie nur eine Wahrheit. Allerdings wollte unser Coach auf eine Sache nicht verzichten: auf Fleisch. Fleisch bis zum Umkippen. Egal, woher, egal, welches Fleisch, Hauptsache jeden Tag Fleisch. Nein, ich bin keine fanatische Fleischgegnerin, ich möchte dir einfach deutlich machen, wie wundervoll der Mensch mit zweierlei Maß leben kann.

Unser Coach machte immer sehr deutlich, dass, wenn wir auch nur einen Schluck Kaffee trinken würden, die komplette Heilungsarbeit umsonst gewesen wäre und der ganze Stress und alle Traumata wieder in unseren Körper zurückkommen würden. Aber Fleisch, das voll mit Stress, Fremdemotionen und anderen Substanzen gepumpt ist, dürften wir weiterhin konsumieren. Trotz dieser strengen Ansagen – und glaub mir, dieser Coach war wirklich lächerlich ex-Navy-streng, aber irgendwie standen wir darauf – hatten viele von uns ihr Geheimnis.

Bitte merk dir, du bist kein Kind mehr, und es gibt keinen Grund, von irgendjemandem Ärger zu bekommen, schon gar nicht von Coaches, die angeblich für Fülle stehen, aber sich in Wahrheit aufwerten, indem sie dich kleinmachen. Auch dein Partner, deine Eltern, deine Freunde, deine Chefin, deine Geschwister und deine Kunden haben nicht das Recht, dich kleinzumachen oder dir etwas zu verbieten. Solange du das mit dir machen lässt, sprichst du dir einen Teil deiner Macht ab.

Glaub mir, ich weiß leider, wovon ich rede. Innerhalb dieses Coachings habe ich unbewusst Verantwortung abgegeben. Zu dem damaligen Zeitpunkt war es mehr angenehm als unangenehm, gesagt zu bekommen, was ich darf und was ich nicht darf. In abgeschwächter Form Erlaubnis und Verbote erteilt zu bekommen.

Das Coaching fühlte sich manchmal falsch an und gleichzeitig fütterte es meine Wunde, die Dinge richtig machen zu wollen, in dem tiefen, unsinnigen Glauben, nur durch das Befolgen dieser Regeln wäre ich in der Lage, mir ein erfülltes Leben und ein erfolgreiches Business aufzubauen.

Du kannst nur frei sein, wenn du aufhörst,
dich schuldig zu fühlen!

Das Geheimnis war, dass mehrere Teilnehmer heimlich doch mal einen Kaffee oder ein Glas Rotwein tranken oder ein Stück Kuchen mit Zucker genossen. Jawohl, du hast richtig gelesen. Erwachsene Menschen, die heimlich etwas konsumierten, aus Angst davor, von ihrem Coach Ärger zu bekommen. Ich war schon nicht mehr ganz überzeugt von diesen Coachingansätzen, war aber dennoch ein drittes Mal dabei. Bei diesem dritten Treffen gab es eine von außen betrachtet eher unspektakuläre Situation in einem Restaurant mit der Gruppe, die mir aber enorme Klarheit schaffte:

Ich bestellte mir als Vorspeise dreierlei Hummus. Drei andere aus unserer Gruppe wollten daraufhin das Gleiche und fragten, ob da Knoblauch drin sei. Die Kellnerin bejahte und auch nach Abklären mit der Küche war klar, dass es den Hummus nur mit Knoblauch gäbe. Alle außer mir stornierten daraufhin ihre Hummusbestellung. Da saß ich nun in diesem schönen isländischen Restaurant mitten in Reykjavik und genoss meinen Hummus auf knusprigem Baguette. Dabei merkte ich für mich, dass ich mit diesem Kapitel abgeschlossen hatte. Natürlich probierten alle drei anderen mit schüchternem Seitenblick zum Coach fast heimlich meinen Hummus. Erlaubt, ihn sich selbst zu bestellen, hat sich keiner. Und nein, in diesem Fall ging es nicht um Unverträglichkeiten, sondern um die Sorge, Ärger zu bekommen und die Furcht vor der negativen Auswirkung eines Produkts, das wie natürliches Antibiotikum wirkt. Aber das war ab diesem Moment nicht mehr mein Thema. Einfach so hatte ich mir erlaubt, auszubrechen aus diesen Regeln, die nichts anderes waren als eine große Hoffnung, durch den Verzicht einen Fülledurchbruch zu erlangen.

Von außen betrachtet klingt das vielleicht verrückt und du schüttelst innerlich vermutlich den Kopf. Aber langsam, meine Liebe, mein Lieber, nicht so hastig mit deiner Vorverurteilung. Dieses Phänomen, die Dinge richtig machen zu wollen, aber den Anforderungen nicht gerecht zu werden und dann heimlich in Schuld und Scham zu versinken, steckt in jedem von uns. Man nennt das auch Selbstsabotage, und die Wurzeln davon findest du in deinen unsichtbaren Hauptbarrieren in Teil 3 ab S. 153.

Die Frage, die du dir immer wieder für all deine Lebensbereiche stellen darfst, ist: Wie frei bin ich wirklich und welche Regeln befolge ich noch?

Vielleicht keine von denen, die ich dir eben als Beispiel genannt habe, vielleicht eher klassische Regeln. Wir wollen in allen Bereichen unseres Lebens alles richtig machen, besonders wenn es um Ernährung und Gesundheit geht. Hier überschlagen sich die Theorien darüber, was das Beste ist. Von

TCM und Paleo über Low Carb und Intervallfasten bis hin zu veganer und reiner Ernährung. Meine persönliche Erfahrung zeigt, dass gerade diejenigen, die alles perfekt und supergesund machen wollen, oft die größten Probleme mit ihrem Körper und ihrer Gesundheit haben. Ebenso diejenigen, die die Verbindung zu sich selbst und ihrem Körper verloren haben und unbewusst leben, indem sie Druck, Unzufriedenheit und Stress mit Essen oder anderen Substanzen kompensieren.

Wie du dir sicherlich vorstellen kannst, habe ich mich allein schon aufgrund meiner beruflichen Laufbahn mit Themen wie Nahrungsergänzungsmitteln, Ernährung und emotionalem Essen auseinandergesetzt. Ja, ich nehme auch Nahrungsergänzungsmittel, aber ich beobachte einen Trend, bei dem die Energie mitschwingt, dass man für alles Supplements benötigt. Ich nehme gerne Vitalstoffe zur Unterstützung meines Systems. Wie immer gilt es jedoch zu hinterfragen: Warum tust du, was du tust? Ist dein Beweggrund ängstlich und unsicher oder verantwortungsvoll und fürsorglich? Wie du eine Sache machst, machst du alles! Ich habe dich schon mal gefragt und ich frage dich wieder: Woran möchtest du glauben?

Deine Beweggründe sind ausschlaggebend. Tust du die Dinge aus Angst oder aus Verantwortung? Basiert dein Verhalten auf Ignoranz oder Gelassenheit?

Ich habe zwei Fragen an dich:

1. Würdest du sagen, du begegnest deinem Körper mit genau der Wertschätzung, die er verdient? Mit ausreichender Bewegung, liebevollen Gedanken und Worten, ausgewogener Ernährung, genügend Schlaf, Regenerationsphasen und absoluter präventiver Verantwortung?

2. Würdest du sagen, du vertraust deinem Körper und fühlst dich darin mehr sicher als unsicher?

Prüfe für dich, wie entspannt und innig die Beziehung zu deinem Körper ist.

Wie bereits erwähnt, soll dich dieses Buch nicht von irgendetwas überzeugen, sondern dich ermutigen, für dich zu prüfen, wie du gerade lebst. Bist du ignorant oder überkorrekt?

Wenn du regelmäßig ungesunde Mengen an Lebensmitteln in dich hineinstopfst, um dich vor deinen eigenen Gefühlen zu schützen, ist das genauso problematisch, wie akribisch und total unentspannt von Pillen und ständigen Gesundheitsanalysen abhängig zu sein. Beide Extreme sind Ausdruck deiner inneren Unsicherheit.

Natürlich, wenn du ein bestimmtes Krankheitsbild hast und dir beispielsweise eine Ernährungsumstellung geholfen hat, dann mach weiter so! Wenn du festgestellt hast, dass es dir guttut, Substanz X nicht mehr zu konsumieren, dann halte daran fest! Wenn du immer schon mal auf Substanz X verzichten wolltest, weil du vermutest, es würde dir guttun, dann probiere es aus! Und wenn du gerade eine Phase hast, in der du merkst, dass du mehr Nervennahrung brauchst, dann nimm sie dir! Das Einzige, was ich dir rate, ist, dein

Bewusstsein zu schärfen. Nicht nur in Bezug auf dein Essverhalten, sondern in Bezug auf alles, was dich ausmacht. Frage dich immer wieder, warum tust du, was du tust? Komm zurück in deine vollständige Kraft und erinnere dich daran, dass du kein fragiler Puderzucker bist, der sich sofort auflöst, wenn er mit Flüssigkeit in Berührung kommt. Du bist unglaublich machtvoll und stark, auch wenn du dich gerade nicht so fühlst. Wenn du aufhörst, deinen eigenen Bewertungen sowie den gesellschaftlichen Massenbewertungen zu erliegen, wird der unbewusste Drang, ein „guter" Mensch zu sein, immer weniger. Ebenso der Versuch, dich ständig vor deinen Gefühlen, anderen Menschen, Krankheiten, Elektrosmog usw. schützen zu müssen.

Wenn du innerlich gut aufgestellt bist, gibt es keinen Grund mehr, ständig Schutz zu suchen!

Egal, wo du dich derzeit umschaust und umhörst, es wird dir überall suggeriert, wie gefährlich das Leben ist und dass überall Gefahren lauern. Erinnere dich daran, wie viel Einfluss dein Unterbewusstsein hat – du triffst deine Entscheidungen zu 95 % unbewusst. Dein Unterbewusstsein wirkt sich somit sehr stark auf dich und dein Leben aus. Das ist auch absolut okay, vorausgesetzt, du fütterst es nicht ständig mit angstbehafteten Informationen. Es macht keinen Unterschied, ob du ständig zur Vorsorge rennst, aus Angst, es könnte eine unheilbare Krankheit bei dir entdeckt werden, oder ob du aus vermeintlich bewussten Beweggründen kaum noch Lebensmittel konsumierst, weil irgendwelche Giftstoffe und Gefahren auf dich lauern könnten. Es ist das gleiche Muster, wie wenn du dich vor sogenannten Energievampiren schützen oder eine Trillionen Versicherungen abschließen willst, weil du enorme Risiken siehst. Natürlich kannst du weiterhin dein Obst mit Backnatron waschen, weil du die Pestizidbelastung für zu hoch hältst, und selbstverständlich kannst du eine Hausratversicherung abschließen und auf deinen Energiehaushalt achten.

Es geht lediglich darum, deine innere Haltung zu prüfen. Wenn du ehrlich zu dir bist: Nimmst du das Leben eher als gefährlich und bedrohlich wahr oder als fluffig und leicht? Gehst du immer eher vom Schlechten aus oder vom Guten? Fühlst du dich stark und unbesiegbar oder eher wie ein junges Pflänzchen, das sich bei jedem kleinen Windhauch entwurzelt? Je mehr du glaubst, ständig aufpassen zu müssen, desto weniger wirst du dich in dir sicher fühlen. Genau das führt zu kontinuierlichem Stress, der zu deinem Normalzustand wird. Stress kurbelt wiederum negative Gedanken und Gefühle an. Was denkst du, wie gut lässt sich ein erfülltes und glückliches Leben leben, wenn dein Emotionshaushalt und dein Verstand hauptsächlich negativ geprägt sind? Korrekt, gar nicht!

6

Strama – Stress und Drama in einem

Stell dir eine Situation vor, in der du einem Tiger gegenüberstehst. Ich denke, wir sind uns hier einig, dass das eine hochstressige Situation für dich wäre, weil du mit einer unmittelbaren Bedrohung konfrontiert bist, die deine Sicherheit und dein Überleben gefährdet. Wenn dein Körper einer solchen Bedrohung ausgesetzt ist, reagiert er mit einem physiologischen Stressreaktionssystem, das auch als „Kampf-oder-Flucht-Reaktion" bekannt ist. Dieses System ist evolutionär bedingt und dient dazu, den Körper auf den Kampf gegen Bedrohung oder Flucht vorzubereiten. In der Situation mit dem Tiger würde dein Körper sofort reagieren. Das Gehirn sendet Signale an den Körper, um Stresshormone wie Adrenalin und Cortisol freizusetzen. Diese Hormone erhöhen die Herzfrequenz, beschleunigen die Atmung, erhöhen den Blutdruck und versorgen deine Muskeln mit Energie, um entweder gegen den Tiger zu kämpfen oder vor ihm zu fliehen. Diese physiologische Reaktion ermöglicht uns Menschen, schnell zu handeln und unser Überleben zu sichern.

Spinnen wir die Situation noch ein bisschen weiter ...

Egal, ob du gegen den Tiger erfolgreich gekämpft hast oder vor ihm geflohen bist, die Bedrohung steckt noch in deinen Gliedern. Selbst wenn kein Tiger mehr in Sicht ist, bist du zunächst weiterhin angespannt. Jedes Knacken im Unterholz, jedes Rascheln und jeder Schatten wird von dir als Alarmsignal und als eine erneute Bedrohung wahrgenommen. Wie bereits erwähnt, werden vermehrt Stresshormone wie Adrenalin und Cortisol freigesetzt, wenn du unter Stress stehst. Diese

Hormone verstärken die Aktivität des limbischen Systems im Gehirn, insbesondere der Amygdala, die für die Verarbeitung von Emotionen, insbesondere Angst und Furcht, zuständig ist. Das bedeutet im Umkehrschluss, je mehr Stress du ausgesetzt bist, desto höher ist die Wahrscheinlichkeit, dass deine Gedanken und Emotionen eher ängstlich, sorgenvoll und frustriert, anstatt entspannt, freudig und zuversichtlich sind.

Fühlt sich dein System also regelmäßig bedroht, ist es nur verständlich, dass du den ständigen Drang hast, dich zu schützen, vor was auch immer.

Positiver Stress ist und bleibt Stress!

Wer kennt es nicht? Vorfreude und Aufregung auf ein Treffen mit Familie oder Freunden, Hysterie und Freude vor einer lang geplanten Reise, Aufregung und Motivation bei einem sportlichen Wettkampf, Nervenkitzel und Optimismus bei einem bevorstehenden Bewerbungsgespräch: Positiver Stress, auch bekannt als Eustress, kann positive Auswirkungen auf dich haben, dich energiegeladen fühlen lassen und dich motivieren. Nichtsdestotrotz wird auch bei positivem Stress dein Sympathikus, ein Teil deines autonomen Nervensystems, ebenso aktiviert wie bei negativem Stress.

Erhöhte Herzfrequenz, gesteigerte Atmung und eine gewisse Anspannung sind nur ein paar Beispiele für Anzeichen einer Sympathikusaktivierung innerhalb einer Stresssituation. Damit du allerdings ausgeglichen bleibst und eben nicht aufgrund von Dauerstress, egal, ob positiv oder negativ, ständig belastende Gedanken und Emotionen hast, brauchst du deinen Parasympathikus.

Der Parasympathikus ist das Gegenstück zum Sympathikus und aktiviert sich in Ruhezeiten. Er fördert die Entspannung, senkt die Herzfrequenz und den Blutdruck, begünstigt die Verdauung und unterstützt andere Prozesse, die zur Erholung des Körpers beitragen. Der Parasympathikus hilft dabei, dein System nach einer Stressreaktion wieder in einen entspannten Zustand zu versetzen.

Eine Katze, die vom Hund gejagt wird und flieht, ist gestresst und hat einen aktivierten Sympathikus. Dieselbe Katze aktiviert aber genauso ihren Sympathikus und befindet sich in einer Stresssituation, wenn sie aus Spaß einer Maus hinterherjagt.

Bei all dem Stress, den die Katze vielleicht sogar an ein und demselben Tag erlebt, wird sie aber mit Sicherheit eins nicht vergessen: faul und schnurrend in der Sonne zu liegen und sich zu entspannen. Im Gegensatz zu uns Menschen verpasst die Katze es nicht, sich regelmäßig zu erholen, wobei sich ihr Parasympathikus aktiviert.

Hältst du in deinem Leben also nicht regelmäßig inne und gibst dir Verschnaufpausen, ist es ein fast automatischer Prozess, dass du in den – so nenne ich es – Strama-Status rutschst. Durch viel Stress, egal welcher Art, produzierst du einen Haufen ängstlicher (selbst-)zweifelnder, frustrierter und sich sorgender Gedanken und Gefühle, was zu regelmäßigem Drama führt. Strama! Stress und Drama zur selben Zeit! Keine Sorge, das muss keine Langzeitdiagnose sein! Glaub mir, ich war die Strama-Königin, und wenn ich es geschafft habe, den Stress und das ganze Drama in meinem Kopf und in meinem Leben zu eliminieren, schaffst du das auch. Es gibt Gründe, weswegen es dir schwerfällt, innezuhalten und zur emotionalen und gedanklichen Ruhe zu kommen. Einen verrate ich dir jetzt schon: Verdrängung. Lass uns dafür ein paar Jahre in meinem Leben zurückspringen.

Jeder Mensch entwickelt seine eigenen
Überlebensstrategien. Das Gute daran?
Sie funktionieren!
Das Schlechte daran? Sie funktionieren!

In meiner Teenagerzeit habe ich eine Ess-Brech-Sucht entwickelt, aus hauptsächlich zwei Gründen.

Erstens: Mein Körper veränderte sich, ich nahm zu und bekam oft genug von meinem näheren Umfeld gesagt, dass ich so nie einen Freund bekommen würde. Denn Jungs wollen lieber schlanke Mädchen. Zu dem damaligen Zeitpunkt wog ich um die 73 kg bei einer Körpergröße von 164 cm, kein Strich in der Landschaft, aber gerollt bin ich jetzt auch nicht. Wie du dir vielleicht vorstellen kannst, haben solche Aussagen viel mit mir gemacht, denn was habe ich mir sehnsüchtig gewünscht? Einen Freund! Jemanden, der mich liebt. Dass der erste Schritt ist, sich selbst lieben zu lernen, um eine schöne Partnerschaft auf Augenhöhe zu führen, habe ich erst ein gutes Jahrzehnt später begriffen.

Der zweite und auch deutlich hartnäckigere Grund für das Andauern meiner Ess-Brech-Sucht war, mich emotional auszuknocken. Unmengen an extra-Ungesundem in mich reinzustopfen und anschließend alles auszuspucken. Das Resultat war absolute körperliche und seelische Erschöpfung. Ein irres Taubheitsgefühl, um für einen kurzen Moment nicht mehr die unangenehmen Gefühle fühlen zu müssen und bestenfalls einschlafen zu können. Der Tag danach war immer furchtbar, ich habe mich miserabel gefühlt. Auch wenn ich noch keine chemischen Drogen konsumiert habe und hier nicht wirklich mitreden kann, hatte ich in der Vergangenheit einen Hang zu Partnern und Affären, die regelmäßig Koks, Ecstasy und LSD konsumierten. Meiner Interpretation nach ist dieses Gefühl, das ich dir gerade versuche zu beschreiben, womöglich gleichzusetzen mit einer Art Drogenrausch. Ich durfte öfter beobachten, wie meine Ex-Partner und deren Freundeskreise sich wie Könige und Königinnen fühlten, wenn sie Koks gezogen hatten. Am nächsten Tag hingen allerdings alle wie depressive, nasse Waschlappen im Bett und auf dem Sofa herum. So ähnlich war es auch bei mir, wenn ich mich meinem Fressexzess hingab. Ich war zwar nicht extrovertiert und überschwänglich wie möglicherweise auf Koks, aber meine Welt war für einen klitzekleinen Moment in Ordnung. Bis dieser Zustand vorbei war und ich mich schlechter fühlte als zuvor. Denn so sehr ich auch versuchte, durch meine Ess-Brech-Sucht mich vor meinen wirklichen Emotionen zu schützen, sie holten mich immer wieder ein.

Diese Phasen gab es mal mehr, mal weniger, auch mal gar nicht und dann doch wieder. Insgesamt lebte ich mehr als zehn Jahre damit! Und ja, ich war auch mal in Therapie, die kurzzeitig etwas nützte. Wirklich so gar kein Thema mehr für mich, auf diese Strategie zurückzugreifen, ist es, seit ich mich ganz bewusst mit dem Thema Persönlichkeitsentwicklung und Selbstverantwortung beschäftige. Damit möchte ich dir sagen: Wenn du gerade unzufrieden mit dir und deinem Leben bist, es muss nicht so bleiben. Du kannst etwas daran ändern!

Ein wichtiger Schritt, den du dafür gehen darfst, ist, deine Schutzhaltung zu verlassen. Das könnte in deinem Fall auch bedeuten, dein Stresslevel konsequent zu reduzieren. Dein System will dich schützen, vor schmerzhaften Wahrheiten, alten Verletzungen und möglichen Enttäuschungen. Aber in einer Schutzhaltung kannst du nicht aufblühen und Großartiges erleben. Deine Angst wird dich immer davon abhalten, ein unglaublich buntes Leben zu leben, wenn du sie lässt.

Ich wollte mich mit meiner Ess-Brech-Sucht und dem daraus resultierenden Effekt vor meinen eigenen Gefühlen schützen; vor Emotionen in mir, die ich nicht bereit war zu fühlen. Ich wollte gewisse Dinge nicht wahrhaben, wollte mich davor drücken, Verantwortung für mich und mein Leben zu übernehmen. Ich habe mich immer wieder in einen benebelten Zustand versetzt, weil ich süchtig danach war. Wir alle sind Süchtige. Süchtig nach Bewegung, weil sie uns ein gutes Gefühl gibt, süchtig nach einem Glas Wein oder Bier, weil es gut schmeckt und uns beruhigt. Süchtig nach dem Handy, es gibt fast keine schönere Ablenkung. Süchtig nach Streit, da jedes Drama so wundervoll von deiner eigentlichen Unzufriedenheit ablenkt. Süchtig nach Kontrolle über deinen Alltag und andere Menschen, weil es dich sicher fühlen lässt. Süchtig nach Anerkennung im Außen von der Familie, von Freunden und am Arbeitsplatz, weil du dich nur so geliebt fühlst. Süchtig nach Schokolade, weil es die Glückshormone aktiviert. Süchtig nach Lästereien über andere Menschen, weil es dich aufwertet. Süchtig nach Likes und Followern, weil du dich so gesehen und akzeptiert fühlst. Unsere Süchte sind menschlich. Es sind Strategien, die für uns funktionieren. Gehen wir ihnen nach, fühlen wir uns sicher, denn plötzlich sind die Bedrohungen, wie beispielsweise unerwünschte Wahrheiten und Emotionen, nicht mehr ganz so groß. Du weißt ganz genau, was für dich gut ist und was nicht. Du weißt ganz genau, welche Strategie dich in Wahrheit bremst und welche dich zu deinem wahren Kern bringt. Du musst lediglich den Mut haben, es dir einzugestehen.

In einer hitzigen Diskussion zum Thema Maßnahmen für Ungeimpfte in Deutschland und der Corona-Impfung rief meine Freundin irgendwann: „Ja, aber wir haben es halt nicht besser gewusst!" Diese Aussage mag für sie stimmen, aber nicht für mich! Ich weiß mittlerweile und schon länger immer, was gut und richtig für mich ist, und ich behaupte, du weißt das auch!

Zuallererst mach dich frei von Reue. Alles in deinem Leben ist eine Erfahrung. Versuche die innere Haltung anzunehmen, dass du alles immer in deinem besten Wissen tust. Deswegen ist auch die Aussage meiner Freundin für mich absolut verständlich und nachvollziehbar. Aber wie geht es jetzt weiter? Wie ist es möglich, zukünftig nichts mehr zu bereuen, zukünftig nicht mehr aus blinder Angst heraus zu handeln? Ganz einfach: Es braucht einen unberührten Anteil in dir. Egal, in welchem Bereich deines Lebens du vielleicht noch Dinge tust, weil du glaubst, man erwarte sie von dir, oder weil du dich und deine Existenz sehr schnell bedroht fühlst, trainiere deinen – so wie ich es nenne – unberührten Anteil.

Wenn jemand zu dir kommt und sagt „Hey, die und die haben das über dich gesagt", bleib cool und unberührt. Wenn du ein Produkt launchst und es keiner kauft, pack deinen unberührten Anteil aus. Egal, weswegen meine Kunden zu mir kommen, egal, welche Ziele und Visionen sie haben, eins lernen sie bei mir immer: ihren unberührten Anteil zu trainieren, jeden Tag!

Ich wünsche mir für dich einen Anteil in dir, der unberührt bleibt, egal, wie laut es um dich herum wird. Werde zu deinem eigenen sicheren Hafen und ermögliche dir dadurch ein freies und erfülltes Leben. Das bedeutet nicht, dass du kein Mitgefühl mehr haben sollst, besser gesagt, dich etwas nicht mehr emotional berühren darf. Dein unberührter Anteil wird zu deiner gesunden Selbstverständlichkeit, deinem inneren

Zuhause. So wie ein Baum mit den tiefsten und kräftigsten Wurzeln, der zwar Wind und Regen spürt, auf dessen Standfestigkeit sie aber keinerlei Auswirkung haben.

7

Samen beziehen, Samen säen

Ich kann sagen, dass in den letzten Jahren eine kleine Hobbygärtnerin an mir verloren gegangen ist. Die Geduld und Fürsorge, die man in den Wachstumsprozess einer Pflanze investiert, können erstaunlich beruhigend und erfüllend sein. Diese Prozesse spiegeln auf authentische und schöne Weise unser eigenes Leben wider. Auch wenn wir oft von „Samen säen" sprechen, wenn es um unsere Transformationsprozesse geht, gibt es einen noch wichtigeren Schritt, der oft übersehen wird: das „Samen beziehen".

Neue Samen säen ist schön und gut, aber was ist, wenn genau diese Samen weiterhin dafür sorgen, dass du in deiner alten Identität stecken bleibst?

Woher und wie bewusst beziehst du deine Samen? Du kannst dieses Buch, diese ganzen 244 Seiten lesen und keinen einzigen Samen daraus gewinnen, geschweige denn eine Pflanze, die Früchte trägt. Das liegt aber nicht daran, dass dir dieses Buch keine Vielzahl neuer Samen liefert, sondern daran, dass du nicht offen und empfänglich dafür bist. Vielleicht bist du so abgelenkt mit deinen sorgenvollen Gedanken und alltäglichen Dramen, dass du zwar fleißig und tagtäglich Samen säst, aber alle von der alten Sorte – Sorte Zweifel. Oder du steckst so in deiner arroganten Haltung, „Weiß ich schon, kenn ich schon", fest, dass es für dich unmöglich ist, etwas Neues gedeihen zu lassen.

Deswegen ist es gut möglich, dass deine aktuelle Realität immer noch finanziell verschuldet ist, obwohl du schon so viel über Themen wie Money Mindset und die Macht der Gedanken gelesen und ausprobiert hast.

So ist es auch nicht unwahrscheinlich, dass deine Selbstständigkeit immer noch nicht wirklich läuft und du kaum bis gar nicht davon leben kannst, obwohl du schon unendlich viele Workshops zu Themen wie Copywriting, Positionierung, Funnel-Aufbau, E-Mail-Marketing und SEO besucht hast. Genauso ist es denkbar, dass du immer noch voller Groll, Frust und hauptsächlich motzend durchs Leben läufst, obwohl du schon mal versucht hast, deine negativen Glaubenssätze aufzulösen.

Die Kritik und der Vorwurf gegenüber allem nicht Greifbaren wie dem Gesetz der Anziehungskraft, der Schwingungsfrequenz und der Fähigkeit, sich alles zu manifestieren, sind berechtigt. Es stimmt, es funktioniert oft nicht so, wie man es sich vorstellt. Das bedeutet aber im Umkehrschluss nicht, dass es generell nicht funktioniert. Das Gesetz der Anziehungskraft existiert genauso wie das Gesetz der Schwerkraft. Beiden Gesetzen ist es völlig egal, ob du daran glaubst oder nicht. Wenn du vom Balkon springst, fällst du auf den Boden und darfst dafür die Konsequenzen tragen, ganz egal, ob du an Schwerkraft glaubst oder nicht. Dasselbe gilt für das Gesetz der Anziehungskraft:

Worauf du tagtäglich deinen Fokus richtest, dahin fließt deine Energie und liefert dir das Gewünschte oder eben auch Unerwünschte.

Wenn du dir also bewusst etwas manifestieren möchtest, dann gibt es ein paar Grundregeln, wie beim Beziehen und Einpflanzen eines Samens. Möchtest du aus einem gewonnenen Apfelkern einen Apfelbaum ziehen, darfst du dir von vornherein bewusst machen, dass es gut sein kann, dass dein Baum erst nach sieben bis zehn Jahren Früchte trägt. Um überhaupt die Chance auf einen Keimling zu bekommen, muss der Apfelkern um die zwei Monate im Kühlschrank überwintern. Und das ist erst der Anfang.

Bei einer Tomate hast du relativ hohe Chancen, dass der Samen nach ca. zehn bis 14 Tagen zu einem kleinen Pflänzchen heranwächst, und nach ein paar Monaten kannst du die ersten saftigen Tomaten genießen, vorausgesetzt, deine Pflanze ist gesund und kräftig. Unterschiedliche Pflanzen, unterschiedliche Herangehensweisen. Vielleicht stehst du gerade in gewissen Bereichen deines Lebens auf der Stelle, weil du noch nicht die optimale Herangehensweise für dich und das Realisieren deiner Träume gefunden hast.

Ja! Selbstverwirklichung und Transformationsprozesse sind manchmal deswegen so ätzend und frustrierend, weil sie nicht immer, genauer gesagt, nicht sofort funktionieren. Zu 99 % liegt das allerdings daran, dass du zu früh aufgibst, zu wenig ausprobiert hast und deine Motivation mehr extrinsisch als intrinsisch ist. Fokussiere dich weniger auf das Ergebnis, dafür mehr auf deine Entwicklung während des Prozesses. Manche deiner Projekte sind wie der Samen einer Tomate. Mit dem notwendigen und korrekt angewandten Know-how sowie der richtigen Einstellung ist dieser Samen und die daraus entstehende Pflanze relativ pflegeleicht.

Dann wiederum wirst du aber auch Projekte in deinem Leben haben, die sich eher wie ein Apfelkern entwickeln – langsam, aber stetig.

Die Welt denkt nicht in Zeit, aber wir Menschen tun es noch zu oft. Wenn du aufhörst, deine Erfolge nur in Zahlen zu messen, wird Zeit mit einem Mal keine Rolle mehr für dich spielen. Die Frage, die du dir in Hinblick auf deine Visionen derzeit stellen solltest, ist nicht wann, sondern wie. Bitte versteh mich richtig, es geht nicht darum, dass du im absoluten Kontrollmodus eine Checkliste parat haben musst, um dein Ziel zu erreichen. Das Gegenteil ist der Fall. Die Frage nach dem Wie soll dir helfen, dich zu öffnen und Impulsen zu folgen, die augenscheinlich nichts mit deinem Ziel zu tun haben, sich aber schlussendlich als genau die einzigartige Chance entpuppen, dein Ziel zu erreichen. Ein Wie erweitert deinen Horizont und deine Empfänglichkeit. Die ständige Frage nach dem Wann ist lediglich ein Ausdruck von dem Mangel, der in dir steckt.

8
Fünf Schritte vor, sechs zurück

Kennst du das? Du startest voller Enthusiasmus, bereit, dein Leben zu verändern. Du beschließt, mit dem Rauchen aufzuhören, deine Ernährung umzustellen, eine neue Sportroutine zu etablieren oder ein komplettes Makeover deines Lebens zu wagen. Du bist motiviert, all deine alten Gewohnheiten hinter dir zu lassen und dich neu zu erfinden. Doch dann kommt die Enttäuschung: keine sofortigen Ergebnisse, kein sichtbarer Fortschritt. Die Frustration wächst, und die Zweifel nagen an dir …

Ich möchte dich fragen: Wie realistisch gehst du an deine Ziele heran?

Hiermit meine ich nicht, dass deine Ziele selbst realistisch sein müssen – träume ruhig so groß, wie du möchtest. Aber sei realistisch in Bezug auf dich selbst und deine inneren Widerstände. Deine bisherigen Verhaltensweisen und Entscheidungen haben dich genau in die Situation gebracht, in der du jetzt steckst – sei es als Kettenraucher, mit Übergewicht oder in einer unglücklichen Beziehung. Egal, welchen Bereich deines Lebens du ändern möchtest, es wird sich nicht immer leicht anfühlen.

Viele Menschen glauben, dass Spiritualität und innere Arbeit nur Licht und Liebe seien und hauptsächlich von Träumern praktiziert werde. Aber das ist ein Irrglaube. Persönlichkeitsentwicklung ist nichts für Feiglinge und schon gar nichts für Menschen, die gerne Verantwortung nach außen abgeben. Als ich mich dazu entschied, dieses Buch zu schreiben, hatte ich direkt einen Titel im Kopf:

„Persönlichkeitsentwicklung ist scheiße (und) wichtig!" Auch wenn das Buch erst ein paar Jahre später veröffentlicht wurde und einen anderen Titel bekommen hat, bleibe ich bei dieser Aussage: Dich persönlich weiterzuentwickeln, ist verdammt wichtig. Denn Stillstand bedeutet langfristig Tod – energetisch, emotional oder körperlich. Und manchmal ist Persönlichkeitsentwicklung auch einfach nur scheiße. Der Blick nach innen tut weh, du wirst mit Schatten konfrontiert, die dich im ersten Moment überfordern, und manchmal bricht dein Leben wie ein Kartenhaus über dir zusammen.

Wir sind hier ganz unter uns, mir kannst du es sagen ... bist du gerade in manchen Bereichen deines Lebens frustriert? Hast du Zweifel, ob du wirklich in der Lage bist, dein Leben zu verändern? Bist du skeptisch, was das Thema Energie und Schöpferkraft betrifft?

Ja?! Ich verstehe dich. Ich habe dieses Auf und Ab, von himmelhochjauchzend bis tief enttäuscht, schon so oft durchgemacht. Es hat mich mürbe gemacht und dazu geführt, dass ich wie eine Bedürftige von Coaching zu Coaching gehüpft bin, viel Geld investiert habe, um endlich den Durchbruch zu erleben. Hat es mich weitergebracht? Ja! Aber eher in einem Rhythmus von fünf Schritten vor, drei Schritte zurück, zwei Schritte vor, fünf Schritte zurück. Dieser kräftezehrende Rhythmus hatte allerdings nichts mit den Coachings oder den jeweiligen Coaches selbst zu tun. Es lag einzig und allein an mir und meiner Haltung.

Deine derzeitige Situation dient dir, egal, ob du es wahrhaben möchtest oder nicht!

Ich bin mir sicher, in irgendeinem Bereich deines Lebens hast du dieses „Fünf-Schritte-vor-drei-zurück-Szenario" auch schon erlebt. Du hast es geschafft, von normalen Zigaretten auf E-Zigaretten umzusteigen und irgendwann komplett mit dem Rauchen aufzuhören, nur, um dann nach wenigen Wochen sogar beides zu rauchen. Du hast deine Ernährung umgestellt und die gewünschten fünf Kilo in kürzester Zeit abgenommen, und ein paar Wochen später hast du nicht nur die fünf Kilo wieder drauf, sondern noch zwei dazugewonnen. Du hast unentwegt so hart trainiert, um endlich einen Ring Muscle Up zu schaffen, aber verletzt dir kurz darauf das Handgelenk so stark, dass du erst mal gar nicht mehr trainieren kannst.

Je nachdem, wie du bisher innerlich aufgestellt warst, hast du dann auf dem Absatz kehrt gemacht und deinen Potenzialen, deinen Visionen und deinen wahrhaftigen Bedürfnissen den Rücken zugekehrt. Deine Enttäuschung und Trauer haben überhandgenommen und du hast auf rationaler Ebene angefangen, dir zu erzählen, warum du es nicht mehr versuchst.

Aber egal, wie viele Rückschläge du erlebst – ob es einer oder zehn sind –, sie sollten niemals ein Grund dafür sein, aufzugeben. Jeder Rückschlag ist eine Gelegenheit, stärker und klüger zurückzukommen. Das Leben ist kein geradliniger Weg zum Erfolg, sondern eine Serie von Herausforderungen, die dich wachsen lassen.

Rückschläge sind normal.
Nutze sie als Gelegenheit zum Wachstum.

Darfst du einen Rückzieher machen und deine Meinung ändern? Logisch! Darfst du mit Situationen, gegen die du vorher gekämpft hast, Frieden schließen? Unbedingt! Allerdings ist es ein großer Unterschied, ob du wahrhaftigen Frieden findest oder ob du kapitulierst, dich dabei verlierst und deine echten Bedürfnisse und Sehnsüchte ignorierst.

Erinnerst du dich noch an meine Worte am Anfang des Buches? „Alles, was es dazu braucht, ist dein Glaube, dass bisher Unmögliches doch möglich ist, und wenn du diesen Glauben noch nicht hast, dann braucht es deinen Willen, deine Entscheidung und deine Offenheit, diesen Glauben in dir wachsen zu lassen!"

Ich verstehe, dass es für dich einfacher ist zu glauben, dass nach einem Scheitern die Dinge für dich nicht möglich sind. Aber was, wenn du dich irrst? Was, wenn genau dieses Scheitern es dir zukünftig überhaupt erst möglich macht, deinen Traum zu realisieren? Was, wenn dein vermeintlicher Misserfolg nur eine Vorbereitung dafür war, was du anschließend in der Lage bist zu kreieren und dann auch zu halten? Wie sehr willst du glauben, dass du verlierst? Und wie sehr willst du glauben, dass du gewinnst?

Wer Hindernisse sucht, wird immer welche finden!
Wer das Potenzial sucht, wird es immer erkennen!
Was suchst du?

Ich muss zugeben, ich habe mich oft als Verliererin gesehen. Und auch wenn Aufgeben nie wirklich eine Option für mich war, hatte ich oft meine Zweifel.

Gehe ich den richtigen Weg? Ist es richtig, Grenzen zu ziehen und alte Muster nicht mehr zu bedienen? Kann ich aus alten Systemen vollständig ausbrechen? Schaffe ich es jemals, mich so anzunehmen und zu lieben, wie ich bin? Werde ich jemals eine Beziehung auf Augenhöhe führen können? Werde ich jemals in der Lage sein, mehr als gut von meinem eigenen Business zu leben? Kann ich es mir erlauben, trotz aller kritischen Stimmen von außen mein gut laufendes Personal Training aufzugeben und endlich als Coach für Mindset und mentale Stärke zu arbeiten? Werde ich jemals meine negativen Glaubenssätze zu Geld und Erfolg auflösen können?

Aufzugeben war für mich trotz meines zweifelnden und teils frustrierenden Gedankenkarussels keine Option. Selbst nicht, als ich eines Tages so wutentbrannt und frustriert war, dass ich erst mal alles hinschmeißen wollte.

Meine ganzen Journals, Tarotkarten, Bücher über Persönlichkeitsentwicklung, Selbstheilung und Manifestieren sowie mein Visionboard landeten im Mülleimer. Ja, auch bei uns Coaches und Mentoren brennt mal eine Sicherung durch. Wir sind keine Roboter und wissen die Dinge in der Theorie, können aber manchmal auch einfach nur verletzte Menschen sein, die sich trotz viel Bewusstseinstraining unbewusst selbst sabotieren und bestrafen. So wie damals in meinem Fall, denn tief drinnen wusste ich, dass die einzige Person, die dadurch Schaden trägt, ich bin – traurig und verletzt, wenn meine ganzen Sachen auf der Mülldeponie landen und auf Nimmerwiedersehen zu mir sagen. Sind sie aber letztlich nicht. Mein Hilflosigkeitsanfall war nach ein paar Minuten schon wieder vorbei.

Das Wundervolle an unseren Emotionen ist, dass sie nichts anderes sind als ein Feedback unseres Innern. Zum Glück war ich schon immer ein absolut leidenschaftlicher und emotionaler Mensch mit sehr gutem Zugang zu meinen Gefühlen. Das bedeutet, ich spüre jede meiner Emotionen sehr deutlich und gebe ihnen den notwendigen Raum, indem ich genau hinhöre. Hast du dich schon mal gefragt, woher dein Gefühl kommt und was es dir sagen will?

Probiere es aus und sei in diesem Prozess geduldig, die Antworten werden schon kommen.

Früher waren meine Reaktionen besonders in Bezug auf Wut eher unkontrolliert. So wie an jenem besagten Abend, als ich in einer absoluten Krise steckte und alles, was mir lieb war, wegwarf. Ich weinte und fluchte verzweifelt: „Es ist egal, ob ich vegan lebe oder nicht, es ist egal, ob ich Schokolade esse oder nicht, es ist egal, ob ich Alkohol trinke oder nicht, es ist egal, ob ich meine Meridian-Übungen mache oder nicht, es ist egal, ob ich meditiere oder nicht, es funktioniert sowieso nicht!" Und ja, das stimmte damals und stimmt auch noch heute.

Es ist egal, was du tust, welche sogenannte Geheimformel du anwendest, solange der Nährboden und der Beweggrund immer noch derselbe sind: purer Mangel.

Denn eines kann ich dir mittlerweile sagen: Wenn du anfängst, alle möglichen Dinge nicht mehr zu tun, weil sie angeblich deinem Zugang zu deiner Energie, deiner Gesundheit, deinen Emotionen und dem Manifestationsfluss schaden, wirst du, ob du willst oder nicht, immer leise von einem schlechten Gewissen geplagt sein und das stetig in dir wachsende Gefühl haben, noch nicht genug getan zu haben und noch nicht gut genug zu sein. Solange du glaubst, etwas Bestimmtes erfüllen zu müssen, um überhaupt glücklich und erfolgreich sein zu können, kannst du nur verlieren!

Eine Welt, in der es enge Bedingungen und starre
Regeln gibt, ist eine Welt aus Mangel!

An jenem Abend, erschöpft und tränenüberströmt auf meiner Couch sitzend, wurde mir klar, dass ich mir selbst etwas vormachte. Trotz aller Veränderungen in meinem Leben – ich schuftete mich nicht mehr in unzähligen Jobs zu Tode und ließ mich auch nicht mehr von Fitnessstudios oder Vorgesetzten kleinmachen – lebte ich immer noch nach sehr engen Regeln. Im Grunde hatte sich nichts geändert. Im Endeffekt lief ich – wie meine Hosenfreundin – in derselben Hose rum, nur in einer anderen Farbe.

Ich hatte neue Samen gesät, ja, aber ohne zu bemerken, dass diese Samen immer noch der gleichen Familie angehörten: Selbstsabotage und Opferdasein. Denn mein Verhalten blieb gleich. So wie ich jahrelang jammerte, dass es in Deutschland so schwierig sei, als Selbstständige zu überleben, dass die Fitnessstudios mich so schlecht bezahlten und ich die Verantwortung nach außen abgab für meine finanzielle Lage und mein persönliches Wohlergehen, machte ich genauso weiter. Nur dass ich diesmal das Universum beschuldigte und beschimpfte, warum es mir nicht meine Wünsche lieferte.

Ich sah andere Coaches oder Unternehmer, bei denen es deutlich besser lief als bei mir, und erzählte mir, dass es so leicht gar nicht sein kann. Und falls doch, dann hatten die definitiv mehr Glück gehabt und bestimmt nicht so krasse Sachen erlebt wie ich. Weil ich hartnäckige Glaubenssätze hatte, die nicht so einfach aufzulösen waren.

Warum ich dich so in meine frühere Gefühlswelt mitnehme, liegt daran, dass ich dir zeigen möchte, dass ich düstere und pessimistische Phasen kenne. Selbst als ich mich schon viel mit Persönlichkeitsentwicklung beschäftigt und auch als Coach gearbeitet hatte, war ich noch sehr in meinen eigenen Opferanteilen gefangen, ohne es wirklich zu merken.

Ich habe dieses Buch vor allem für Menschen wie dich geschrieben, die müde und frustriert sind, weil sie das Gefühl haben, sich im Kreis zu drehen und der große Wow-Effekt noch auf sich warten lässt. Weil die Visionen von der Millionärin, dem erfolgreichen Business, der leidenschaftlichen Beziehung, dem kerngesunden Körper oder was auch immer du dir wünschst, noch nicht da sind.

Ich möchte dich mit meinen Worten, meinen eigenen Erfahrungen, meinen persönlichen Erfolgen und Niederlagen ermutigen und motivieren, nicht aufzugeben. Bleib auf deinem Weg, stärke deinen Glauben an dich und deine Fähigkeiten. Es wird sich lohnen!

Und falls du dich hier nicht angesprochen fühlst, freue ich mich trotzdem, dass du dieses Buch in deinen Händen hältst. Ich bin überzeugt, dass du dir den ein oder anderen wertvollen Samen daraus ziehen und mit Erfolg einpflanzen, gedeihen lassen und später die Früchte davon ernten kannst.

Zurück zu meinem Krisen-Aha-Moment. Mir wurde an diesem Abend bewusst, dass ich mich die ganze Zeit selbst kleingemacht und alles andere als in meiner Schöpferkraft gestanden hatte. Ich hatte ständig eine Art Checkliste abgearbeitet und gehofft, meine Wünsche würden daraufhin einfach geliefert werden. Kein Wunder, dass meine Energiefrequenz am Nullpunkt war – ich hatte ihr durch meine Gedanken und mein Verhalten deutlich gemacht, dass sie keinen Job hat. So nach dem Motto, wir haben es eh nicht in der Hand, sondern müssen darauf warten, dass uns das allmächtige Universum erhört und beliefert.

Dass ich selbst in der Lage war, mir Dinge zu kreieren, weil ich, so wie du, das Universum ausmache und es keine Trennung zwischen dir und der Urkraft gibt, habe ich erst ein bisschen später verinnerlichen dürfen. Alles im Universum ist Energie, dazu gehören auch du und ich.

Auch wenn ich dir das hier so detailliert mit einem Schmunzeln und einem Hauch Sarkasmus beschreibe – mein Verhalten war damals unbewusst. Meine Klarheit kam erst durch meine Krise! Genau deshalb kann ich dir immer nur raten: Tu es! Mach es! Was auch immer es bei dir ist! Habe keine Angst vor Fehlentscheidungen, gehe das Risiko ein! Du packst das! Trau es dir zu! Habe mehr Vertrauen in dich und deine Fähigkeiten. Glaube daran, dass jede Erfahrung, egal welche, das Potenzial in dir wachsen lässt.

Durch jede Niederlage, jeden Rückschlag, jeden Verlust, jedes Drama und jede Tragödie habe ich mich besser kennengelernt. Nur so hatte ich die Chance zu erkennen, in welchen verrosteten Mustern und nicht dienlichen Glaubenssätzen ich noch steckte. Nur so konnte ich meinen unberührten Anteil in mir trainieren und krisenbeständig werden. Ich habe gelernt, auf den Wellen des Lebens zu reiten. Allein das schon macht mich so frei.

Solange du kalkulierst und abwägst, verpasst du alle großartigen Chancen, die sogar eine Abkürzung zu deinem Traum sein könnten.

Wenn ich dir einen gesunden Zitronenbaum schenke, der schon einige Zitronen trägt und die besten Voraussetzungen hat, dir dein Leben lang weitere Zitronen zu schenken, steht die Chance 50/50, dass der Baum bei dir eingeht.

Wenn du keine Ahnung hast, wie du den Baum richtig pflegst und dadurch seine Früchte vermehren kannst, wird er relativ schnell sterben. Egal, ob es sich um eine gesunde, herangewachsene Pflanze oder einen Samen handelt, beides braucht die richtige Pflege. Die optimale Pflege kannst du lernen. Warum gedeihen Pflanzen manchmal trotzdem nicht, obwohl die Herangehensweise absolut korrekt war? Warum kreierst du dir trotzdem nicht immer das, was du dir wünschst, obwohl du in der Theorie weißt, wie Manifestieren funktioniert?

In beiden Fällen hat es etwas mit Energie zu tun.

Im Jahr 2018 startete IKEA ein Experiment in einer Schule, um auf das Thema Mobbing und dessen Auswirkungen aufmerksam zu machen. In die Schule wurden zwei gleiche Pflanzen gestellt, die von Experten exakt gleich versorgt wurden, was Wasser und Sonnenlicht betraf. Die Schüler wurden nun aufgefordert, 30 Tage lang die linke Pflanze verbal zu beleidigen. Die rechte Pflanze hingegen überhäuften die Schüler mit Komplimenten.

Nach 30 Tagen war das Ergebnis eindeutig: Die rechte Pflanze war in ihrer vollen Pracht herangewachsen und strahlte mit schönen Blüten und Blättern. Die linke Pflanze hingegen ließ alle Blätter hängen und zeigte mehrere braune und gelbe Stellen, die auf ein Absterben der Pflanze hindeuteten. Dieses Experiment sollte den Schülern verdeutlichen, welch hohe Auswirkungen Mobbing hat. Wenn eine Pflanze schon nach kürzester Zeit Reaktionen zeigt, wie stark wird dann erst ein Mensch von Mobbing betroffen sein? Energie lügt nie.

Dasselbe gilt für deinen Manifestationssamen, auch er wird eingehen, wenn die Energie nicht stimmt. Du kannst zwar immer wieder aufschreiben und aussprechen, was du dir wünschst, aber wenn deine Energie dabei nicht stimmt oder etwas deiner Energie im Weg steht, wird es langfristig nicht funktionieren, dass irgendeine deiner Visionen Wirklichkeit wird. Was deiner Energie im Weg steht und warum sie nicht frei für dich fließen kann und dir bisher verwehrt hat, jeden deiner Manifestationswünsche zu erfüllen, erfährst du im letzten Teil meines Buches. Vorher möchte ich mit dir noch einen Sprung in meine Vergangenheit machen und dir zeigen, wie hartnäckig unsere alte Identität an uns haftet und wie wichtig es ist, genau das zu erkennen, um eine neue Identität zu kreieren.

TEIL ZWEI

9

Ein ewiger Kampf

Lange Zeit in meinem Leben glaubte ich, benachteiligt zu sein. Egal, wo und wie, immer hatte ich das Gefühl, kämpfen zu müssen. Nach meinem Abitur beschloss ich, Aviation Management zu studieren. Die Luftfahrtbranche fand ich spannend, und die beruflichen Möglichkeiten, die ich mir dabei ausmalte, schienen vielversprechend und lukrativ. Viele Menschen wählen ihren zukünftigen Beruf auf ähnliche Weise: Was ist angesehen? Wo kann ich später gut verdienen? Welcher Job bietet die meiste Sicherheit? Selten geht es darum, was einen wirklich erfüllt, leider.

Es gibt keine Sicherheit, schon gar nicht im Außen!

Während die meisten meiner Freundinnen ihrem Studium nachgingen, begann ich, mich im Nebenerwerb als Groupfitness-Trainerin selbstständig zu machen. Zum einen, um etwas Geld zu verdienen, zum anderen, weil ich es großartig fand, vorne auf der Bühne zu stehen und andere in Bewegung zu bringen. Ich war fasziniert davon, wie 30 Menschen im Saal gemeinsam schwitzten und vor Freude strahlten. Die Energie im Raum war überwältigend. Im Vergleich dazu war die Atmosphäre in den Hörsälen eher einschläfernd und das absolute Gegenteil von authentisch. Dozenten, die deutsche

73

Muttersprachler waren, versuchten, auf schlechtem Englisch zu unterrichten.

Außerhalb meiner Vorlesungen unterrichtete ich Zumba und hatte immer sofortige und positive Erfolgserlebnisse. 60 Minuten Tanz, Animation und Motivation. Das Ergebnis: glückliche Teilnehmer aller Altersklassen, schwitzend und strahlend. Im Studium hingegen quälte ich mich. Es machte mir keinen Spaß und daher war ich auch nicht sonderlich gut darin.

Was ich schon erzählt habe, ich bin sehr diszipliniert und ehrgeizig, vorausgesetzt, ich will das tun. Mein Studium wollte ich schnell nicht mehr machen – ehrlicherweise wollte ich es nie. Ich wollte nur ein abgeschlossenes Studium, das bestenfalls andere beeindruckt. Hallo Ego! So sehr ich mein Ego auch schätze, wenn es hart auf hart kommt, ist meine Toleranzschwelle sehr gering. Etwas, das mich nicht erfüllt und überhaupt nicht ich bin, halte ich nicht lange aus.

Erinnerst du dich? Ich habe dir von meiner Ess-Brech-Sucht erzählt und wie ich diese sogenannte Strategie phasenweise genutzt habe. Während meiner Studienzeit griff ich wieder darauf zurück. Damals fehlte mir noch die Kraft, vollständig darauf zu verzichten, doch ich wusste, dass ich mit dem Studium in eine Sackgasse geraten war. Also entschied ich mich nach kurzer Zeit – genau genommen nach dem zweiten Semester – mein Studium abzubrechen. Mein Traum war es, den Schritt in die vollumfängliche Selbstständigkeit zu wagen.

Ich wollte mit Menschen arbeiten, sie unterrichten und auf großen Fitnessbühnen stehen. Mein näheres Umfeld fand diese Idee jedoch nicht so prickelnd. Schließlich, so sagte man mir, braucht man zumindest eine abgeschlossene Ausbildung oder ein Studium.

Solange du glaubst, dass es nur auf eine Weise funktioniert, wird es auch nur so funktionieren. Aber was, wenn du dir erlaubst, einen Raum zu öffnen, in dem plötzlich auch andere Wege möglich sind?

Meines Erachtens ist das ein einschränkender Glaubenssatz, der besagt, dass du nur so eine Garantie auf einen späteren Job hast. Dabei gibt es genügend Beispiele, die zeigen, dass sowohl ein abgeschlossenes Studium als auch eine absolvierte Ausbildung keine Garantie für einen sicheren Arbeitsplatz bieten. Berufseinsteiger kämpfen oft damit, den passenden Arbeitsplatz zu finden, da ihnen praktische Erfahrung fehlt. Der technologische Wandel führt dazu, dass Berufe schneller überflüssig werden als noch vor einigen Jahren gedacht. Wirtschaftliche Schwankungen sorgen dafür, dass auch gut ausgebildete Fachkräfte ihre Arbeit verlieren, da Unternehmen Personal abbauen müssen. Weder ein Studium noch eine Ausbildung garantieren dir eine gewisse Sicherheit. Die wahre Sicherheit liegt nicht in der Qualifikation selbst, sondern in der inneren Einstellung des Einzelnen. Wenn du dich weder von Arbeitgebern noch von Kunden abhängig fühlst und die tiefe Gewissheit in dir trägst, stets in der Lage zu sein, sichere Umstände zu schaffen, dann können dich weder Inflation noch eine Pandemie ernsthaft bedrohen. Selbst in den größten Krisen bleibst du bei dir und weißt, was als Nächstes zu tun ist.

Mit Anfang 20 war ich jedoch noch nicht so selbstbewusst, einfach mein Ding durchzuziehen, und begann schließlich eine Ausbildung zur Sport- und Fitnesskauffrau, Personaltrainerin und Gesundheitstrainerin. Das war eine krasse, anstrengende und prägende Zeit. Ich arbeitete in einer Fitnessstudiokette, die aus rein unternehmerischer Sicht ein sehr effektives Konzept verfolgte: Bau ein Team auf, so familiär wie möglich mit vielen jungen Leuten, und sie tun alles für dich. Genau so war es. Ich riss mir den Allerwertesten auf für weniger als 400 € monatlich.

Da ich bereits als lizenzierte Zumba-Trainerin in meine Ausbildung kam, war ich für das Studio ein Jackpot. Ich konnte mehrmals wöchentlich Kurse unterrichten und sie konnten sich das Geld für Freiberufler sparen. Neben dem Unterrichten von Kursen gab es aber auch einige Aufgabenbereiche, die mit meinen persönlichen Werten kollidierten. Dazu gehörte unter anderem, Kunden ein zusätzliches Trainingspaket zu verkaufen, während sie gerade dabei waren, eine Mitgliedschaft abzuschließen. Ich hatte immer ein ungutes Gefühl, wenn ich am Verkaufstisch saß und dem neuen Mitglied klarzumachen versuchte, dass es das Basis-Trainingspaket kaufen musste. Da ich selbst nicht viel von den Produkten hielt, war es kein Wunder, dass bei mir niemand mehr als das S-Paket kaufte. Auf meiner Stirn stand offensichtlich: „Ich würde auf keinen Fall M oder L nehmen!" Das ist eines der ersten Dinge, die ich mit meinen Coaching-Kunden kläre, die mit ihrem Business vorankommen möchten. Wir prüfen, wie viel Leidenschaft in ihrem Business und ihren Produkten steckt. Wo kein Funke ist, kann nichts überspringen. Wenn du beim Verkaufen mehr schlechtes Gewissen hast als volle Überzeugung, dass dein Produkt oder deine Dienstleistung einen Unterschied im Leben deines Gegenübers macht, brauchst du dich nicht zu wundern, warum du öfter lahme Ausreden und Absagen statt freudige Zusagen erhältst.

Fast noch unangenehmer, als jemandem ein Trainingspaket aufzuschwatzen, war es für mich, männliche Mitglieder darauf aufmerksam zu machen, dass sie nicht im Muscle Shirt trainieren durften. Ich versuchte, solchen Konfrontationen so oft wie möglich aus dem Weg zu gehen, aber manchmal ließ es sich nicht vermeiden. In den Hausregeln des Fitnessstudios stand ein Muscle-Shirt-Verbot für Männer. Lächerlich. Die angesprochenen Mitglieder waren derselben Ansicht wie ich und stellten mir empört immer die gleichen Fragen: Warum durften Frauen im Tanktop sogar nur im Sport-BH und in den knappsten Hosen trainieren?

Ich verstand ihren Ärger. Außerdem hingen im ganzen Fitnessstudio Werbeplakate mit Männern in ärmellosen Shirts. Da ich keine wirkliche Antwort darauf hatte und diese Regelung selbst affig fand, schauten mich die Männer immer fragend und verständnislos an.

So in etwa schaut dich deine Energie an, wenn du gegensätzlich handelst zu dem, was du ihr in Auftrag gegeben hast. Wenn deine Schwingungsfrequenz nicht zu deinem Aktionismus passt, ist das häufig ein Grund dafür, warum deine Manifestationswünsche nicht in Erfüllung gehen.

Die wahre Kunst besteht darin, Energie und Handeln in Einklang zu bringen. Alles andere kostet auf Dauer zu viel Kraft.

Das Sahnehäubchen meiner Aufgaben während der Ausbildung war das Thema O-Schein. Wir Mitarbeiter sollten Interessenten weismachen, dass wir derzeit keinen Platz mehr hätten – ein sogenannter Aufnahmestopp. Was für ein Bullshit. Es ging der Gebietsleitung, Geschäftsführung und dem Inhaber lediglich darum, eine bestimmte Klientel in den Fitnessstudios zu haben. Das verstehe ich ja. Aber wenn ständig Interessenten, die nicht ins gewünschte Profil passen, ins Studio kommen, sollte man die eigene Positionierung überdenken. Bei einem Fitnessstudio sind vor allem Standort, Preisklasse und das Wording entscheidend.

Vielleicht hast du in deinem Leben schon mal jemanden belogen und dich dabei richtig mies gefühlt. So ging es mir regelmäßig, wenn ich jemandem ins Gesicht log und behauptete, unser Fitnessstudio hätte ein Aufnahmestopp.

Für mich war schnell klar, dass ich keinen Job machen möchte, bei dem ich komplett gegen mein eigenes Wertesystem handeln soll. Also kündigte ich direkt nach meiner Ausbildung und machte mich wieder selbstständig. Damit war ich eine große Ausnahme. In der Regel blieben alle Studierende und Auszubildende nach ihrem Abschluss weiterhin dort fest angestellt. Ich nicht. Ich wollte mein eigenes Ding machen, Kurse unterrichten, Geld verdienen und definitiv keine Aufgaben mehr ausüben, die inkongruent mit meinen Prinzipien waren.

Meine Entscheidung zu kündigen, passte dem Geschäftsführer überhaupt nicht. Seine Hauptaufgabe schien es zu sein, seine Mitarbeiter, insbesondere die weiblichen, kleinzuhalten. Was hier abging war Manipulation vom Feinsten. Mehrmals haben nicht nur ich, sondern auch einige meiner Kolleginnen gehört, wie er sich vorstellte, wie wir wohl in Unterwäsche aussähen. Schwarze Spitze mit roten Applikationen und hohen High Heels fand er besonders sexy. Emotionaler Druck gehörte ebenfalls zum Arbeitsalltag. Kurz vor meinem dritten Ausbildungsjahr sagte er mir zusammen mit der Gebietsleitung nachdrücklich, ich würde die Position der stellvertretenden Studioleitung nicht bekommen, wenn ich mich weiterhin privat mit einem Kollegen treffen würde. Dieser Kollege war Studioleiter in einem anderen Fitnessstudio und in einer anderen Stadt. Ich saß vor diesen zwei Männern wie ein Häufchen Elend und heulte. Zu diesem Zeitpunkt war ich gerade im Streit von zu Hause ausgezogen und hatte den Mietvertrag für meine erste eigene Wohnung unterschrieben.

Während meiner Ausbildung arbeitete ich 40 Stunden pro Woche im Fitnessstudio. Da das Geld nicht reichte, kellnerte ich zusätzlich mehrmals wöchentlich. Doch selbst das reichte nicht aus, also beschloss ich, nachts im Paketzentrum zu arbeiten, um finanziell irgendwie über die Runden zu kommen. Mein damaliges Leben war ein einziger Kampf. Zerstritten mit meinen Eltern, Liebeskummer wegen des besagten Kollegen und jetzt die Drohung, die neue Stelle als stellvertretende Studioleitung nicht zu bekommen.

Ich brauchte diese Stelle dringend, immerhin sollte ich dann 150 € mehr im Monat verdienen.

Wie du herauslesen kannst, zählte damals jeder Cent für mich. Aber da saß ich Anfang 20, am Ende meines zweiten Lehrjahres, fix und fertig mit der Welt, und die zwei Typen hatten nichts Besseres zu tun, als mich fertigzumachen, weil ich mich in jemanden aus der Unternehmensgruppe verliebt hatte. Beziehungen innerhalb der Firma seien strikt verboten. Müßig zu erwähnen, dass der Geschäftsführer zu dem Zeitpunkt selbst mit seiner früheren Auszubildenden und jetzigen Assistentin liiert war und später eine 450 €-Kraft heiratete.

Mir war damals schon klar, dass ich so schnell wie möglich aus diesem Unternehmen raus musste. Aber mir fehlte der Mut, mich zu wehren, Grenzen zu ziehen und einfach zu gehen. Ich blieb noch ein Jahr, bis meine Ausbildung abgeschlossen war, weil ich zu diesem Zeitpunkt keine andere Lösung sah und emotional abhängig war.

Nach meiner abgeschlossenen Ausbildung verließ ich das Unternehmen – allerdings nur so halb. Ich wurde Freiberuflerin und unterrichtete meine Kurse in verschiedenen Studios, darunter auch weiterhin in den Studios, in denen ich vorher als Auszubildende gearbeitet hatte. Das Unterrichten machte mir schon immer unglaublich viel Spaß. Mich selbstständig zu machen war wie ein Befreiungsschlag. Endlich konnte ich das tun, was ich am meisten liebte: Menschen in Bewegung zu bringen!

Das mache ich auch heute noch am liebsten. Heutzutage unterstütze ich meine Coaching-Kundinnen dabei, in Bewegung zu kommen – in ihrem Leben, in ihrem Business, in ihrem Geist, energetisch und auch körperlich. Und ich liebe es nach wie vor. Wenn es so etwas wie eine Berufung gibt, dann ist meine genau das: dich in Bewegung zu bringen, auf allen Ebenen. Hin zur Fülle, sowohl privat als auch beruflich.

Meine neu gewonnene Freude währte jedoch nur kurz. Nach knapp vier Wochen in meiner Selbstständigkeit knallte es ordentlich. Wenn du immer nur halbherzige Entscheidungen triffst, übernimmt das Leben die großen Entscheidungen für dich. So war es auch bei mir. Tief im Inneren wusste ich, dass dieses Unternehmen pures Gift für mich war und ich dort nicht mehr arbeiten sollte. Aber komplett gehen wollte ich auch nicht. Ich hing noch an meiner alten Identität, meinen über Jahre aufgebauten Fitnesskursen, den Teilnehmern und den Freundschaften zu meinen Kollegen. Ich wollte immer noch dazugehören.

Kennst du das? Du weißt genau, was du nicht mehr in deinem Leben willst, aber dein Vorhaben konsequent durchzuziehen, schreckt dich ab? Die Dinge, die wir kennen, geben uns ein Gefühl von Sicherheit. Selbst wenn wir in diesen Konstellationen unglücklich sind, fühlen sie sich wie ein sicherer Hafen an. Alles Neue und Unbekannte, so verlockend es in unseren Träumen auch klingen mag, macht uns erst einmal Angst.

Aus dieser unbewussten Angst bin ich also in dem Unternehmen geblieben. Nicht mehr fest angestellt, sondern als freiberufliche Trainerin.

Halbe Entscheidungen führen zu
katastrophalen Resultaten!

Es war ein warmer Frühlingstag, an dem ich am eigenen Leib zu spüren bekam, was passiert, wenn man versucht, mehrere Türklinken gleichzeitig in der Hand zu halten: Ich trainierte privat in einem der Fitnessstudios. Alle freiberuflichen Trainer, die in den Studios unterrichteten, hatten kostenlosen Zutritt für ihr privates Training und konnten auch Choreografien für bestimmte Kurse üben. Nach meinem Training ging ich gerade durch das Drehkreuz hinaus, als ich direkt in die Arme des Geschäftsführers lief. Wie so oft roch er nach Sekt – genauer gesagt nach Rotkäppchen Sekt. Der Konsum von Rotkäppchen Sekt war in der Unternehmensgruppe normal, unabhängig von der Tageszeit.

„Wenn du nicht mehr hier arbeitest, darfst du auch nicht mehr hier trainieren", begrüßte er mich hitzig.

„Warum? Es durften doch schon immer alle Kursleiter in den Studios trainieren?", erwiderte ich.

„Aber DU hast keinen Zutritt mehr zu diesem Studio!",
schnauzte er mich an und hauchte mir dabei seine Fahne ins
Gesicht.

„Und warum?", fragte ich jetzt nicht weniger emotional.

„Du hast dich entschieden zu kündigen und meinst jetzt, wie
alle anderen Kursleiter mir das Geld aus der Tasche ziehen zu
können. Ihr seid alle Söldner! Ich habe dir hier die Plattform
gegeben zu unterrichten, ohne mich wärst du rein gar nichts!",
rief er.

Sein Versuch, mich kleinzumachen, spornte mich nur noch
mehr an. Jetzt war ich richtig in Fahrt. Ich konnte es förmlich
spüren: Dieser kleine Mann vor mir hatte ein richtiges
Problem, denn er konnte mich nicht kontrollieren, nicht mehr,
und das machte ihm Angst.

„Blödsinn! Aber wenn ich hier nicht mehr trainieren darf,
kein Problem! Dann geh ich aber jetzt direkt wieder rein und
sage Bescheid, dass ich kein Zumba-Special am Ostersonntag
machen werde, weil ich mich dafür vorbereiten und hier
trainieren müsste!", fauchte ich.

„Du brauchst hier gar nicht mehr zu unterrichten, all deine
Kurse in unseren Studios werden gestrichen!", brüllte er mich
mit einem knallroten Kopf an.

Du mieses Schwein, dachte ich, und kochte. Plötzlich war
alles aus den letzten drei Ausbildungsjahren wieder da.
Innerhalb von Sekunden durchlebte ich innerlich noch einmal
die letzten Jahre: ekelhafte, sexistische Worte, die mir der Kerl
ins Ohr geflüstert hatte, unbezahlte Überstunden und die
regelmäßigen Erpressungen und Manipulationen.

„Na wunderbar! Und bis wann soll ich meine Kurse
abgeben?" fragte ich mit zittriger Stimme.

„Zu Anfang Mai!" erwiderte er triumphierend.

„Nein! Wenn, dann direkt zu Ende März, passend zum Quartalswechsel!", konterte ich. Ich wollte das letzte Wort haben und stampfte damit raus.

In knapp zwei Wochen würde ich insgesamt sieben Kurse die Woche weniger haben, das machte knapp 900 € monatlich aus. Geld, das ich benötigte.

Ich wurde noch am selben Tag in allen Studios gesperrt. Wenn ich jetzt mit meiner Mitgliedskarte versuchte, durch das Drehkreuz zu kommen, ploppte ein dickes, fettes, rotes Kreuz auf den Bildschirmen am Empfang auf, mit dem Titel „gesperrt".

Das Ganze ist über zehn Jahre her. Damals lebte ich noch sehr unbewusst, vor allem, was meine Muster, Glaubenssätze und Verletzungen betraf. Aber eine Sache habe ich damals trotzdem gecheckt: Menschen bekommen Angst vor dir, wenn sie dich nicht (mehr) kontrollieren können. Widerworte und das Infragestellen wird bis heute nicht gerne in unserer Gesellschaft gesehen. Die Masse der Gesellschaft besteht nicht aus Pionieren, sondern hauptsächlich aus Menschen, die den Mut verloren haben, an sich selbst und ihre Großartigkeit zu glauben.

Ich habe versucht, nicht quer zu denken, nicht zu sehr aus der Reihe zu tanzen. Aber ich bin glücklicherweise gescheitert. Heute kann ich über mich sagen, dass ich Wege gehe, die anders sind. Ich wage Neues und mache bestimmt einiges falsch, aber ich mache es, lerne und ziehe meine eigenen Weisheiten daraus. Ich hoffe, du tust das auch.

Vor knapp zehn Jahren, in der dir eben geschilderten Situation, habe ich mich und mein Verhalten nicht reflektiert. Damals hatte ich noch keinen unberührten Anteil in mir, den ich dir so ans Herz lege zu trainieren. Aber ich hatte schon zum damaligen Zeitpunkt einen enormen Freiheitsdrang sowie das Vertrauen in mich und meine Fähigkeiten, es schon irgendwie hinzubekommen. Mein Selbstbild glich damals einer Kämpferin. Erst später begriff ich, dass alle herausfordernden Situationen, in die ich geraten war, mir dienlich waren. Immer wieder ähnliche Umstände, immer wieder kämpfen müssen – oder wollen? In meiner beruflichen Karriere als Groupfitness- und Personaltrainerin sowie als Ausbilderin hörte ich immer wieder denselben Satz: „Ja, aber wir geben dir hier ja auch eine Plattform."

Ganz ehrlich? Wenn dich jemand nicht für deine Leistungen bezahlen möchte und dich dann auch noch manipuliert, damit du ihm dankbar bist für eine angebliche Chance – geh einfach! Du brauchst diese Plattform von Firma X nicht, Firma X braucht dich, ist aber nicht in der Lage, das zu sagen. Und bitte versteh mich hier richtig: Es ist etwas komplett anderes, wenn dir jemand offen und ehrlich sagt, dass sie deine Arbeit und dein Mitwirken sehr schätzen, derzeit aber nicht die finanziellen Mittel haben, dich so zu entlohnen, wie du es verdient hast, sie sich aber freuen würden, dich mit an Bord zu haben, um gemeinsam etwas aufzubauen. Das ist eine ganz andere Energie und gibt dir die Möglichkeit, dich für oder gegen diesen Deal zu entscheiden.

Es sollte normal für dich sein,
von Menschen umgeben zu sein, die dich und
deine Leistungen wertschätzen.

Ich suchte sehr lange in meinem Leben Beweise dafür, dass ich ein Opfer bin. Dass ich kämpfen muss, dass ich benachteiligt bin. Die Wahrheit war, ich kämpfte nicht gegen Geschäftsführungen, nicht zahlende Auftraggeber, bürokratische Auflagen oder einen miesen Stundenlohn. Ich kämpfte vor allem gegen mich selbst, Tag für Tag, ohne es wirklich zu merken. Egal, wie sehr ich versuchte, mein Leben zu ändern, besser bezahlte Aufträge zu bekommen, einen Partner auf Augenhöhe zu finden oder Konflikte mit meinem engsten Umfeld zu vermeiden – ich hatte keine Chance. Auch als ich mich bewusst dafür entschied, mein Leben endlich selbst in die Hand zu nehmen, kämpfte ich weiter, ohne es wirklich zu bemerken. Selbst nach mehreren Jahren der Beschäftigung mit Persönlichkeitsentwicklung, Selbstheilung, dem Gesetz der Anziehungskraft und Selbstverantwortung blieb ich weiterhin im Kampfmodus. Wie in Teil 1 erwähnt, ging ich drei Schritte vor und fünf Schritte zurück. Vielleicht kennst du dieses Gefühl der Hilflosigkeit, wenn die Dinge in deinem Leben einfach nicht funktionieren wollen. Und du fragst dich: „Woran liegt das?"

Die Antwort, die du suchst, kann ich dir nicht in einem einzigen Satz geben – zumindest nicht in diesem Buch. Wahrscheinlich könnte ich es, wenn ich dich persönlich kennen würde und wir im 1:1 arbeiten würden.

Bis dahin habe ich in Teil 3 dieses Buches einige mögliche Antworten auf deine Fragen zusammengestellt. Sehr wahrscheinlich wirst du durch das Verständnis deiner acht unsichtbaren Hauptbarrieren einen großen Schritt vorankommen, um dein Leben in absoluter Fülle leben können.

Und nur ganz kurz am Rande: Wenn sich genau in diesem Moment ein gewisser Widerwille bei dir breit macht und du denkst, du könntest den Rest von Teil 2 überspringen – tu es nicht. Du brauchst Teil 2, um dich in Teil 3 vollkommen auf die Übungen einlassen zu können.

10

Es dient dir

Erinnerst du dich, wie ich dir zu Beginn des Buches erklärte, wie wichtig es sei, dich deinen blinden Flecken zu öffnen? Jetzt sind wir wieder an einem Punkt angekommen, an dem dein System möglicherweise gewisse Widerstands- und Ablehnungsgeschütze hochfahren möchte. Bitte nicht! Bleib offen und atme tief durch, wenn dich meine Worte treffen sollten.

Deine aktuelle Situation oder die, in die du immer wieder gerätst, dient dir. Du denkst, du willst Veränderung in bestimmten Lebensbereichen, doch tatsächlich kreierst du immer wieder dieselben Situationen – aus einem bestimmten Grund. Die Rolle, die du dabei einnimmst, ist dir dienlich.

In meiner frühen Vergangenheit und besonders in meiner beruflichen Laufbahn hatte ich die Rolle der Kämpferin. Was bedeutete das konkret? Ich brauchte immer einen Kampf und einen Gegner, um meine Rolle unbewusst zu erfüllen.

Auch bei dir laufen diese oder ähnliche Mechanismen unbewusst ab.

Die Situation mit der Geschäftsführung im Fitnessstudio ist nur ein Beispiel von vielen, wo ich mich als Opfer sah. Immer wieder habe ich in meiner Selbstständigkeit für einen höheren Stundensatz gekämpft, selten mit Erfolg. Immer die gleichen lahmen Begründungen, warum ich statt 32,50 € brutto keine 35 € die Stunde bekomme. Wer selbstständig ist, weiß, wie wenig von 32,50 € nach allen Abzügen, Ausgaben für Lizenzen, Fortbildungen, Equipment und Vorbereitungszeit übrigbleibt. Alles Gründe für mich zu jammern. Die Erkenntnis, dass mich niemand gezwungen hatte, für einen miserablen Stundenlohn zu arbeiten, kam mir erst später. Ebenso wie die Möglichkeit, andere Wege zu finden, um meine Leidenschaft, Menschen in Bewegung zu bringen, zu leben und gleichzeitig mehr Geld zu verdienen. Ich machte mich abhängig von Fitnessstudios und blieb, obwohl ich unzufrieden war.

Hier mein Rat an dich:

Love it, leave it, or change it!

In meinem Fall bedeutete das, entweder ich fing an, glücklich zu sein mit dem, was ich tat, und zwar in allen Belangen, nicht nur beim Unterrichten meiner Teilnehmer, sondern auch mit den dazugehörigen Umständen. Oder ich ging einfach. Oder ich würde anfangen, aktiv und konstruktiv meine Situation zu verbessern. Letzteres versuchte ich lange, allerdings nur oberflächlich und mit einer völlig kontraproduktiven Haltung, unbewusst versteht sich. Ein Großteil von mir wollte keine Veränderung.

Wer wäre ich, wenn plötzlich alles wie geschmiert liefe? Wer wäre ich, wenn mich meine Auftraggeber mit Geld überhäufen würden? Wer wäre ich, wenn mir nur noch Männer auf Augenhöhe und mit tiefer Liebe begegnen würden?

Korrekt, ich wäre jemand komplett anderes. Aber ich war noch gar nicht bereit, diese neue Version meiner Selbst wirklich zu verkörpern. In Wahrheit wollte ich daran glauben, dass mein Leben ein einziger Kampf ist und ich es in manchen Bereichen schwerer habe als andere. An dieser Identität hielt ich unbewusst fest.

In der Theorie Veränderung zu wollen, ist das eine.
In der Praxis selbst für diese Veränderung zu sorgen,
ist das andere!

Wie ist das bei dir? Wenn du ehrlich zu dir selbst bist: Wo suchst du immer wieder Gründe, warum es in gewissen Lebensbereichen nicht so funktioniert?

Du würdest dich gerne selbstständig machen, aber in deiner Familie gab es schon eine Insolvenz aufgrund der Selbstständigkeit? Du hast ein Problem mit Intimität und behauptest, daran sei dein Vater schuld, der Kerl hat deine Mutter mit vielen anderen Frauen betrogen, deswegen kannst du Sex nichts abgewinnen? Du kommst finanziell immer wieder an deine Grenzen? Das liegt aber aus deiner Sicht daran, dass du in einem Haushalt aufgewachsen bist, in dem ihr immer knapp bei Kasse wart?

Die eine oder andere Aussage mag überspitzt klingen, aber ich habe all diese Argumente schon von meinen Kundinnen und Kunden gehört, warum sie in bestimmten Lebensbereichen nicht vorankommen und unglücklich sind.

Ganz ehrlich? Ich verstehe dich und deinen Hang, anderen die Schuld für deine Muster und Lebenssituation in die Schuhe schieben zu wollen. Habe ich selbst jahrelang getan. Es macht für den Moment vieles einfacher. Aber wenn ich dich richtig verstehe und du dieses Buch aus den gleichen Gründen in den Händen hältst, weswegen es geschrieben wurde, möchtest du doch grundlegend etwas in deinem Leben ändern, oder nicht? Falls ja, fang an, dich von deiner alten Identität zu lösen. Anstatt gedanklich mit dem Finger auf deine Eltern, deinen Chef, deine Ahnen, deine Ex-Partner oder -Partnerin, die

Politik, deine Kollegen, deine Lehrer, deine Geschwister, deine Freunde, dein Sternzeichen oder sonst wen zu zeigen, zeig auf dich.

Manchmal braucht es nur diese eine Person, diese eine Situation, diesen einen Moment, in dem uns ein Licht aufgeht und wir merken, dass wir einen völlig anderen Weg eingeschlagen haben, als wir eigentlich wollten. Ich hatte viele solcher Momente in meinem Leben, und einer davon war während eines Kurztrips in New York. Ich übernachtete bei Freunden etwas außerhalb der Stadt und fuhr jeden Morgen zwischen 5 und 6 Uhr mit dem Bus eine knappe Stunde in den Big Apple. Ich war Mitte 20 und überwältigt von der Energie dieser Stadt. Zu meiner großen Freude gab es dort einen Trainer, der dasselbe Bewegungskonzept unterrichtete wie ich. Dieser Mann inspirierte mich – er hatte schon viel erlebt, war Background-Tänzer für Stars wie Beyoncé und Janet Jackson gewesen und hatte eine besondere Philosophie, Tanz und Fitness zu vereinen. Er war nicht nur Trainer, sondern auch Ausbilder für das mir bekannte Bewegungskonzept. Demnach versuchte ich, so viele Kurse wie möglich von ihm in meinem achttägigen New-York-Aufenthalt zu besuchen.

Rick war unglaublich engagiert und zeigte mir einerseits die Stadt, brachte mich aber auch in seine Community.

Er interessierte sich für meine Interpretation und meine Ansätze zum Thema Bewegung und dem Fitnesskonzept, das wir beide unterrichteten. Dieser Mensch, älter und erfahrener als ich, begegnete mir auf Augenhöhe. Zum ersten Mal hatte ich das Gefühl, dass jemand Interesse hatte, mich auf meinem Weg zu unterstützen. Rick war ein Mann, der keine Angst vor mir und meinem Leuchten hatte und mich deswegen nicht versuchte, kleinzuhalten. Im Gegenteil, er wollte mich empowern. Er sah mein Potenzial und war begeistert von meiner Art, mich zu bewegen, sowie von meinen Gedanken und Ansätzen zum Thema Bewegung, männliche und weibliche Energie und wie wir es wieder schaffen könnten, unsere Teilnehmer und Kunden zurück zu sich selbst und in die pure Verbindung mit ihrem Körper zu bringen. Denn über eins waren wir uns einig: Es schossen immer mehr Fitnesskonzepte aus dem Boden, und obwohl es so viele verschiedene Bewegungskonzepte gab, wurden die Menschen physisch wie psychisch kränker statt gesünder.

Wie konnten wir es also schaffen, dass unsere Teilnehmer zukünftig nicht mehr gegen sich und ihren Körper kämpften, sondern wieder anfingen, sich selbst zu fühlen? Wie war es möglich, die weibliche und männliche Energie wieder zu vereinen? Wie könnten Atmung und Bewegung dabei helfen, Seele, Geist und Körper noch mehr in Einklang zu bringen? Wir philosophierten und inspirierten uns gegenseitig mit unseren Gedanken. Ich vermute, dass unsere tiefgründigen Gespräche ein Grund dafür waren, warum er mich schon nach wenigen Tagen fragte, ob ich Lust hätte, eine Unterrichtsstunde mit ihm im Broadway Dance Center in New York zu teilen.

Oh Mann! Ich hatte noch nie auf Englisch unterrichtet, und die Teilnehmer kamen vor allem wegen Rick, nicht wegen mir! Kann ich das überhaupt? All diese Gedanken schossen wie wild durch meinen Kopf, aber es war eine einmalige Chance, also sagte ich zu. Am nächsten Tag würde ich um 9 Uhr morgens eine Stunde mit Rick im berühmten Broadway Dance Center in New York unterrichten. Irre! Zurück in meiner Unterkunft setzte ich mich hin und schlug alle Vokabeln nach, die ich auf Englisch nicht wirklich kannte: Becken, Schambein, Handgelenk, hüftbreiter Stand usw.

If somebody offers you an amazing opportunity but you
are not sure you can do it, say yes – then learn how to do
it later!
Wenn dir jemand eine erstaunliche Gelegenheit bietet,
aber du nicht sicher bist, ob du sie annehmen kannst, sag
Ja – und lerne später, wie es geht!

RICHARD BRANSON

Am nächsten Tag war es dann so weit. Knapp 50 Teilnehmer,
und ich durfte sie unterrichten – es war unglaublich. Mein
Englisch war definitiv alles andere als perfekt, aber das spielte
keine Rolle, die Energie stimmte einfach. Die Teilnehmer
ließen sich von mir führen und wir flossen förmlich durch die
verschiedenen Bewegungen. Ich unterrichtete die ersten 30
Minuten, dann übernahm Rick. Während ich fleißig mitturnte,
kam er zu mir und flüsterte in mein Ohr, dass es großartig wäre,
wenn ich die Entspannungsphase übernehmen könnte, aber
diesmal auf Deutsch. Ich verstand sofort, was er meinte. Wir
hatten uns schon vorher über das Thema Schwingungsfrequenz
und Energie unterhalten, und ich wusste, was er ausprobieren
wollte. Also übernahm ich gegen Ende wieder die Gruppe und
leitete die Teilnehmer an, sich hinzulegen und zu entspannen.
Die anschließenden Atemübungen sowie jede weitere
Instruktion, die ich ihnen gab, waren auf Deutsch. Die
Teilnehmer verstanden kein einziges Wort und trotzdem
wussten sie genau, was sie tun sollten. Die Schwingung meiner
Stimme, die Frequenz meiner Worte, die Energie war so
spürbar im Raum, dass die Teilnehmerinnen ihr einfach
folgten. Sie fühlten sich sicher, vertrauten und flossen mit dem,
was sie wahrgenommen hatten. Es ist nicht nötig, dass du
immer alles bis ins kleinste Detail verstehst. Viel wichtiger ist

es, deiner eigenen Intuition zu folgen und dich von deiner Energie führen zu lassen.

Nach unserem gemeinsamen Unterricht machten Rick und ich noch einen kleinen Spaziergang. Irgendwann machte er vor einer Bank halt und sagte, ich solle kurz warten. Als er wieder herauskam, drückte er mir 90 Dollar in die Hand. Das waren damals knapp 70 Euro. Als er mir das Geld gab, bedankte er sich dafür, dass ich so spontan war und die Stunde gemeinsam mit ihm unterrichtet hatte. Es war für ihn das Normalste der Welt, mich für meine Arbeit zu entlohnen. Dieser Moment hat mich bis heute geprägt.

Und ich hoffe, du verstehst, was ich dir damit sagen will:

Da draußen gibt es Menschen, die dich, deine Zeit, deine Energie und deine Arbeit wertschätzen. Selbst wenn du diese Menschen – sei es Arbeitgeber, Kunden, Kollegen, Freunde oder Familienmitglieder – derzeit noch nicht in deinem Umfeld hast, es gibt sie! Du musst ab jetzt nur bereit sein, jede noch so kleine Chance zu ergreifen, um diese neuen Erfahrungen zu machen und die richtigen Menschen in dein Leben zu ziehen. Obwohl ich Angst hatte, vor dieser Gruppe von Menschen, die ich nicht kannte, mit meinem schlechten Englisch zu unterrichten, habe ich die Chance genutzt. Auch wenn mich viele zweifelnde Gedanken plagten und ich Angst hatte, mich vor Rick zu blamieren, ich habe es gemacht. Erinnerst du dich? Deine Energie und dein Handeln müssen im Einklang sein! Neue Erfahrungen, bessere Ergebnisse und große Veränderungen in deinem Leben sind dann möglich, wenn du die alltäglichen Chancen, die sich dir bieten, auch ergreifst!

Zurück in Deutschland dauerte es nicht lange, bis mich ein anderer Ausbilder des Bewegungskonzeptes bei der Arbeit besuchte. Er hatte von meinem Besuch in New York erfahren.

Logisch, denn Rick, dessen einziges Interesse es war, die Community zu vergrößern und alle Trainer zu unterstützen und zu ermutigen, hatte ein Video von mir gemacht, als ich in New York unterrichtete.

Er fragte mich, ob er es den deutschen Ausbildern zeigen dürfe, um mich zu unterstützen. Klar, sagte ich. Immerhin wusste ich, dass ich wirklich gut war und die Chancen hochstanden, bald ins deutschsprachige Ausbildungsteam zu kommen. Der Besuch eines der Ausbilder an meinem Arbeitsplatz war also kein Zufall. Falls du jetzt denkst, ich hätte positives Feedback oder Glückwünsche zu meiner ersten englischen Unterrichtsstunde bekommen, falsch gedacht. Man teilte mir lediglich mit, dass Rick Ärger bekommen hatte – von ihm und anderen Verantwortlichen in der Firma. Ärger, weil Rick mich in New York unterrichten ließ und dann noch ein Video machte, das er in den sozialen Medien teilte. Auf meine Frage nach dem Warum war die etwas lachhafte Begründung, dass sonst jeder Trainer denken würde, er oder sie könne einfach nach New York reisen und dort unterrichten. Mir ist schon klar, dass das gewissen Leuten nicht passt. Denn so funktioniert die altbewährte Strategie unserer Gesellschaft: Anderen das Gefühl zu geben, noch nicht gut genug zu sein. Noch nicht bereit zu sein, um zu ...

In meinem Fall versuchte man, Trainer wie mich kleinzuhalten, sodass sie glauben, sie wüssten noch nicht genug. Das sollte bestenfalls dazu führen, dass sie immer noch eine weitere Ausbildung und einen weiteren Workshop kaufen würden. Dagegen habe ich persönlich nichts einzuwenden, jedes Unternehmen sollte wirtschaftlich denken. Außerdem begrüße ich es sehr, sich regelmäßig fortzubilden, altes Wissen aufzufrischen und Neues dazuzulernen. Aber jemandem das

Gefühl zu vermitteln, dass er oder sie heute noch nicht gut genug ist, ist mehr als giftig.

Egal, wo du aktuell stehst, du hast bereits das Zeug dazu, raus auf die große Bühne zu gehen. Es kann nichts Schlimmes passieren, außer dass sich Menschen von dir bedroht fühlen und versuchen, dich zu kontrollieren.

Wie in meinem Fall, als der Ausbilder mir im Nachhinein versuchte, New York madig zu machen.

Es war derselbe Kerl, der mir ein paar Jahre später denselben Satz in den Hörer raunzte wie die Geschäftsleitung aus dem Fitnessstudio. „Ich gebe dir hier eine Plattform." Danke und tschüss! Kostenlos unterrichten? Nicht mehr mit mir. Mittlerweile war ich im deutschen Ausbilderteam, natürlich war ich das, ich war richtig gut in dem, was ich tat. Vielleicht mag das für dich arrogant klingen, aber nur, weil wir Menschen es nicht mehr gewohnt sind, uns selbst zu feiern.

Mein Tipp an dich: Finde heraus, in was du richtig gut bist, was dir Spaß macht und leichtfällt, und erkenne das dann auch an! Tust du das nicht, wirst du dich immer wieder von anderen überzeugen lassen, dass du noch nicht gut genug und es deshalb nicht wert bist, befördert oder bezahlt zu werden. Das Gleiche gilt selbstverständlich auch für deine zwischenmenschlichen Beziehungen. Wenn du nicht anerkennst, dass du wertvoll bist – als Freundin, Partner oder was auch immer – wirst du dich von Menschen ausnutzen lassen, die von dir profitieren, dich aber immer wieder so manipulieren, dass du das Gefühl hast, nicht gut genug zu sein.

Setze Grenzen!

Ich verließ das Ausbildungsteam genauso schnell, wie ich hineingekommen war. Ich war traurig, denn mir hatte der Aufgabenbereich wirklich Spaß gemacht und ich hatte jahrelang dieses eine Ziel im Kopf gehabt: Ausbilderin zu sein und zum Team dazuzugehören.

Wie ich bereits erwähnte, träumte ich schon während meiner Anfänge als Groupfitness-Trainerin davon, auf großen Fitnessbühnen zu stehen, Menschen in Bewegung zu bringen und zu berühren. Aber in meinem Kopf hatte ich eine ganz andere Vorstellung davon, wie es dann in der Realität schließlich sein würde.

Und das ist ein wichtiger Punkt! Manchmal müssen wir unser Ziel erreichen, um dann festzustellen, dass es gar nicht mehr unser Ziel ist. Das kann unterschiedliche Gründe haben. Allerdings ist die Frage hier weniger:

Warum fühlt sich dein Ziel nicht mehr wie dein Traum an?

Sondern vielmehr:

Bist du bereit, weiterzugehen? Erlaubst du dir, nicht an deinen alten Träumen festzuhalten, sondern dich auf deine neuen Visionen zuzubewegen? Kannst du sehen, wie wichtig es war, diesen Punkt zu erreichen? Bist du in der Lage, deinen bisherigen Prozess wertzuschätzen? Verstehst du schon, dass du genau diesen Weg gehen musstest, um noch mehr zu spüren, wer du wirklich bist und wohin du in Wahrheit willst?

Diese lange Reise in der Fitnesswelt hat mich unglaublich weit gebracht. Sie hat mir gezeigt, wo ich immer wieder in Situationen gerate, in denen Menschen mich nicht wertschätzen, nicht bezahlen wollen und versuchen, mich kleinzuhalten. Es hat ein paar Jahre gedauert, bis ich verstanden habe, dass all diese Situationen wunderbar mein unbewusstes Bild des Opfers aufrechterhalten haben. Ich habe immer wieder diese Rolle bedient, und die Menschen um mich herum haben ihre Rolle erfüllt, die ich ihnen unbewusst zuschrieb.

Es wurde Zeit auszubrechen. Ich stand nicht mehr für irgendwelche Idioten zur Verfügung, die mir erzählen wollten, was für mich möglich ist und was nicht. Nicht mehr! Ich mache jetzt mein Ding!

Kommst du mit? Bist du bereit zu erkennen, wo du noch gewisse Rollen erfüllst und welche unangenehmen Situationen dir noch dienlich sind? Hast du Lust, etwas daran zu ändern?

Ja?! Dann lass uns loslegen!

11
Chaos

Spürst du schon länger, dass es Zeit für eine Veränderung in deinem Leben ist? Aber irgendwie drückst du dich immer wieder vor dem notwendigen Schritt? Das kenne ich!

Wie bereits erwähnt, gehörte ich zu den Menschen, die erst dann grundlegend etwas in ihrem Leben ändern, wenn sie überhaupt nicht mehr weiterwissen und das Leben sich wie ein einziger Scherbenhaufen anfühlt.

Es gab viele große Wendepunkte in meinem Leben, bei denen das wacklige Kartenhaus, das ich mit so viel Mühe und Anstrengung versuchte aufrechtzuerhalten, über mir zusammenfiel. 2019 lebte ich seit zwei Jahren in einer Beziehung, die alles andere als gesund und erfüllend war. Wir waren beide nicht glücklich, und trotzdem war der Gedanke daran, zukünftig allein zu sein und als Paar versagt zu haben, schmerzvoller als der alltägliche Schmerz durch Streit und Verletzungen, die unsere Beziehung durchzogen.

Was machen viele Paare, die zwar merken, dass die Beziehung nicht gut läuft, aber nicht bereit sind, sich das einzugestehen? Sie suchen nach einer vermeintlichen Lösung und Veränderung im Außen. Oft schafft man sich einen Hund an, heiratet oder bekommt ein gemeinsames Kind – in der Hoffnung, dass eines dieser Dinge die Beziehung retten wird. Das ist allerdings selten der Fall. Bei meinem damaligen Partner und mir kamen diese drei Optionen nicht infrage. Stattdessen hatten wir eine andere Idee, was unsere Streitigkeiten und die angespannte Situation mildern könnte, zumindest glaubten wir das: endlich zusammenzuziehen!

So hätten wir die ständige Fahrerei zueinander und das nervige Packen nicht mehr.

Kurze Nebeninformation: Mein Partner und ich lebten mit dem Auto ca. 30 Minuten voneinander entfernt. Wir konnten hier also beim besten Willen nicht von einer Fernbeziehung sprechen. Aber manchmal tischt uns unser System alle möglichen Geschichten und Gründe auf, um ja nicht in die Tiefe blicken zu müssen. Wir zogen also zusammen. Schweren Herzens gab ich meine kleine, schnucklige 1-Zimmer-Wohnung auf. Bevor ich dir jedoch schildere, warum das Zusammenziehen mit meinem damaligen Partner nur der Anfang meines persönlichen Lebenschaos war, möchte ich dir erzählen, warum es mir so schwerfiel, meine eigene Wohnung zu kündigen. Dafür müssen wir gedanklich ein paar weitere Jahre zurückspringen.

Anfang Dezember 2013 bin ich in einer Nacht-und-Nebel-Aktion von zu Hause ausgezogen, ohne eine neue Bleibe zu haben. Drei Wochen später hielt ich die Schlüssel für eine kleine Wohnung in meinen Händen, die in mein mickriges Ausbildungsgehalt passte. Es ist ein Irrglaube, dass du dir nur in bester Stimmung und mit ganz viel Freude etwas Positives manifestieren kannst. Obwohl ich zu dem Zeitpunkt auf dem Zahnfleisch ging, durch drei verschiedene Jobs, Streit mit meinen Eltern, Liebeskummer und dem Druck, die Stelle als stellvertretende Studioleitung zu bekommen, wusste ich genau, was ich wollte: meine eigene Wohnung! Es war meine oberste Priorität, endlich nicht mehr zu Hause leben zu müssen. Es wurde Zeit, dass ich mich abnabelte.

Veränderung tut manchmal weh!

Wenn du deine Energie losschickst und dann auch konsequent dafür losgehst, passieren die größten Wunder – oder besser gesagt, Manifestationen. Bitte löse dich von dem Aberglauben, dass du erst noch dieses und jenes brauchst, um dir dies oder das manifestieren zu können. Das Einzige, was du brauchst, ist Klarheit darüber, was du wirklich willst oder auch, was du nicht mehr willst. Und dann musst du bereit sein, dafür loszumarschieren. Deine Manifestationswünsche können morgen schon da sein, egal, wie groß sie sind.

Ich hatte mich schon lange nach einem eigenen Zuhause gesehnt, aber nie eine passende Wohnung gefunden, die ich mir leisten konnte. Erst als ich stürmisch von zu Hause auszog und in meinem Trotz und meiner Wut beschloss, auf gar keinen Fall jemals wieder zurückzuziehen, war meine zukünftige Wohnung plötzlich greifbar nah. Ich zog übergangsweise erst mal zu einem meiner Freunde. Nach einem Tag Selbstmitleid und Heulkrampf kamen plötzlich die ersten Impulse, ich folgte jedem Einzelnen.

Impuls: Ruf Mario an und frag, ob er nicht doch eine Wohnung für dich hat.

Mario war ein Mitglied des Fitnessstudios, in dem ich meine Ausbildung machte, und arbeitete als Immobilienmakler. Er wusste, dass ich gerne von zu Hause aus und nach Mannheim ziehen wollte, aber nichts Passendes fand. Irgendwann kam er und rief: „Michelle, ich habe die perfekte Wohnung für dich! Ganz in der Nähe vom Fitnessstudio, 40 qm mit Balkon für 365 € warm.“

Das klang nach einem absoluten Jackpot, aber ich hatte viel zu viel Schiss und kniff. Obwohl es genau das war, was ich unbedingt wollte und mir seit langer Zeit wünschte, schaute ich mir die Wohnung nicht einmal an. Ich sagte von vornherein nein, weil ich Angst hatte, diesen konsequenten Schritt wirklich zu gehen. Kennst du das? Eine Möglichkeit, auf die du so lange gewartet hast, ist zum Greifen nahe, aber du hast zu große Angst vor diesem Schritt?

Aber jetzt, zwei Monate später, war der Impuls da, und ich rief ihn an, ob diese Wohnung vielleicht immer noch frei wäre. Er verneinte, versprach mir aber, sich weiterhin umzuschauen. Ich war enttäuscht, gab aber nicht auf. Diesmal meinte ich es ernst – ich wollte eine Wohnung und würde eine bekommen. Ich glaubte nicht nur daran, ich spürte diese tiefe Gewissheit in mir. Also besichtigte ich eine andere Wohnung. Die Wohnung war okay, allerdings lag die Miete bei 550 € monatlich. Ich hatte keine Ahnung, wie ich das inklusive Auto, Lebenshaltungskosten, Internet und Strom mit meinem kleinen Gehalt und dem bisschen, was von meinen Minijobs übrigblieb, dauerhaft zahlen sollte. Nachdenklich lief ich nach der Besichtigung durch die Stadt und dachte wehmütig an die Wohnung, die mittlerweile vergeben war. Während ich so darüber nachdachte, was hätte werden können, hätte ich vor zwei Monaten schon Ja zu dieser Wohnung gesagt, klingelte mein Handy. Es war Mario, der Immobilienmakler. Er fragte mich, ob ich mir eben diese Wohnung anschauen wolle. Die Nachmieter seien spontan abgesprungen, und er bräuchte dringend einen neuen Nachmieter, da die jetzigen Mieter zum 31. Dezember ausziehen würden. Das wäre in zwei Wochen. Plötzlich war da wieder diese Angst. Jetzt wurde es ernst, und ich musste eine Entscheidung treffen – für mich. Niemand war an meiner Seite, der mir hier einen Ratschlag geben oder mit dem ich diese Entscheidung teilen konnte. Es hieß, Verantwortung zu übernehmen.

Impuls: Sag ja!

Einen Tag später schaute ich mir die Wohnung an und unterschrieb den Mietvertrag. Okay, jetzt mussten nur noch Möbel her: eine neue Küche, Stühle, Tisch, Kleiderschrank, Kommode, Bett, Couch, Teppich, Duschvorhang, Spiegel, Besteck, Geschirr, Waschmaschine usw. Aber von welchem Geld sollte ich das jetzt kaufen? Ich hatte keine Ahnung. Zwei Tage nach der Vertragsunterzeichnung war ich auf der Arbeit und hatte eine Trainerstunde mit einem Stammkunden. Wir verstanden uns gut und waren mittlerweile unsere gegenseitigen Seelenklempner.

Impuls: Erzähl Rolf von den Ereignissen der letzten Wochen.

Das tat ich mit vielen kullernden Tränen – sowohl aus Wut, Frust, Verletzung als auch Erleichterung und Freude. Rolf fragte, ob ich Hilfe bräuchte.

Impuls: Sei ehrlich! Sag ja! Du brauchst gerade Hilfe!

Ein großer Teil in mir wehrte sich. Ich wollte mir selbst kaum eingestehen, dass ich Unterstützung brauchte, aber in Wahrheit fühlte ich mich gerade sehr allein und überfordert. Zu meinem Selbstbild als Kämpferin passte Hilfe annehmen überhaupt nicht. Die meisten Menschen kommen nicht deshalb nicht in ihrem Leben voran, weil ihnen keine Chancen oder Möglichkeiten geboten werden, sondern weil sie zu stolz sind, Hilfe anzunehmen. Aber ich war diesmal klüger und folgte meinem Impuls. Ich sagte „Ja, ich brauche Hilfe." Rolf bat mich, ihm meine Bankverbindung aufzuschreiben. Er sagte, er würde mir eine Starthilfe überweisen. Zwei Tage später hatte ich 4000 € mehr auf meinem Konto – geschenkt, um mir Möbel für meine Wohnung zu kaufen. Ich konnte es kaum fassen! Rolf, du Engel, ich bin dir so dankbar.

Deine Energie arbeitet für dich, wenn du sie lässt!
Geschenke finden ihren Weg zu dir, wenn du bereit bist,
sie zu empfangen!

Knapp sechs Jahre später fiel es mir daher recht schwer, meine geliebte Wohnung zu verlassen. Es hingen viele Erinnerungen und Emotionen daran. Dieses Zuhause jetzt aufzugeben und mit meinem Partner in eine neue, größere Wohnung zu ziehen, bereitete mir nicht nur Freude, sondern auch Angst. Ich wusste, wenn das mit uns schiefgeht, bekomme ich nie wieder solch eine günstige Wohnung in dieser Lage.

Und um es kurz zu machen: Unsere Beziehung ging schief. Wer hätte es gedacht? Auch eine gemeinsame Wohnung brachte nicht den erhofften positiven Wandel in unserer Partnerschaft.

Erinnerst du dich? Solange uns bestimmte Situationen und Menschen dienlich sind, kreieren wir sie immer wieder – zwar mit anderen Protagonisten und vielleicht einem neuen Bühnenbild, aber das Theaterstück bleibt in seiner Essenz das Gleiche. In meinem Fall bedeutete das: kämpfen, kämpfen, kämpfen und nicht zu vergessen, das Gefühl des ewigen Opfers.

Damals dachte ich, mein Partner müsste sich einfach nur ändern, und schon hätte ich meine glückliche Beziehung. Falsch gedacht! Ich musste selbst meinen Teil dazu beitragen, um mir endlich einen ganz anderen Typ Mann in mein Leben zu ziehen.

Dieser Mann kam in mein Leben, kurz bevor mein Ex und ich uns trennten. Einfach so stand er plötzlich vor mir. Wenn du nach Veränderung fragst und auch nur ein paar deiner Impulse folgst, tritt die gewünschte Veränderung manchmal schneller ein, als dir lieb ist.

Springen wir mal kurz zurück: Knapp sechs Monate bevor ich mit meinem Ex-Partner zusammengezogen war, hatte ich plötzlich einen unglaublichen Drang, eine Ausbildung als Heilpraktikerin und Osteopathin anzufangen. Dieser Impuls war so stark, dass ich ihm auch folgte, obwohl er für mich sehr überraschend kam. Auf rationaler Ebene dachte ich mir, dass eine weitere Ausbildung im Gesundheitsbereich bestimmt auch finanziell einen positiven Unterschied machen würde. Somit meldete ich mich für die Ausbildung an einer Privatschule an. In sechs Monaten sollte es losgehen. Ich war voller Vorfreude. Frisch in die neue gemeinsame Wohnung gezogen hatte ich auch schon bald meinen ersten Schultag. Samstag um 10 Uhr und mich traf Amors Pfeil gleich zehn Mal. Es war Liebe auf den ersten Blick. Das hätte ich damals niemals zugegeben, aber genauso war es.

Die Liebe hat ihre eigenen Instinkte, sie weiß den Weg zum Herzen zu finden, ganz gleich, wie sehr wir uns dagegen wehren.

Honoré de Balzac

Meinem Dozenten, in den ich mich verliebte, erging es genauso, wie er mir später erzählte. Liebe auf den ersten Blick – bis heute, einige Jahre später.

So romantisch das auch klingen mag, es war unglaublich herausfordernd. Wenn du etwas in deinem Leben veränderst und neue Wege einschlägst, kann es sehr gut sein, dass dir erst mal gefühlt alles um die Ohren fliegt! Kein Grund, einen Rückzieher zu machen! Denk hier bitte immer wieder an meine Hosenfreundin. Manchmal zwickt und kratzt das Unbekannte etwas. Manchmal musst du die neuen Wanderschuhe erst einlaufen, bevor sie sich perfekt an deinen Fuß schmiegen und du über jeden Stock und Stein marschieren kannst. Neu bedeutet nicht immer gleich super. Neu bedeutet oftmals Konfrontation mit deinen unsichtbaren Barrieren. Was es hier braucht, ist dein Glaube, besser noch deine Gewissheit, dass sich alles richtig fügen wird.

12
Veränderung

Mein Ex-Partner zog nach nur wenigen Wochen wieder aus. Erinnerst du dich: Manchmal müssen wir unser Ziel erreichen, nur um festzustellen, dass es gar nicht mehr unser Ziel ist.

Durch das Zusammenziehen wurde uns schnell klar, dass unsere Beziehung am Ende war. Wir hatten uns schon oft getrennt, aber diesmal ging ich nicht zurück. Diesmal blieb ich standhaft. Warum? Plötzlich wusste ich genau, was ich wirklich wollte. Ich wollte keine Beziehung mehr, die von Drama, Streit und Beleidigungen durchzogen war. Ich wollte nicht mehr die Person sein, die wie eine dominante Mutter agiert, glaubt, es besser zu wissen und ihrem Partner helfen will, aber ihn dabei in seiner Männlichkeit noch weiter untergräbt. Ich wusste nicht nur, was ich wollte, sondern vor allem, wen ich wollte: den Mann, in den ich mich ein paar Wochen davor Hals über Kopf verliebt hatte.

Ich beschloss, in der neuen Wohnung zu bleiben, obwohl ich sie mir allein kaum leisten konnte – erst recht nicht, da ich wegen meiner neuen Ausbildung weniger arbeitete und dadurch weniger verdiente. Glücklicherweise erhielt ich finanzielle Unterstützung von meiner Familie, um mich erst einmal sortieren zu können. Widerwillig entschied ich mich dazu, einen Mitbewohner zu suchen. Wohngemeinschaften hatten mich nie gereizt, weil sie mir das Gefühl gaben, in meiner Freiheit eingeschränkt zu sein. Nach sechs Jahren, in denen ich das Alleinleben genossen hatte, war die Vorstellung, jetzt meine Wohnung zu teilen und mich absprechen zu müssen, wenig verlockend.

Die Möglichkeit, dass das Badezimmer besetzt sein könnte, wenn ich es brauchte, oder dass ich meine Musiklautstärke anpassen müsste, waren nur einige der Unannehmlichkeiten, die mir im Kopf herumgingen. Kein Drama, aber auch nichts, worauf ich mich wirklich freute. Trotzdem folgte ich meinem Impuls.

Es geht nicht darum, deine Impulse sofort zu verstehen,
sondern vielmehr darum, ihnen zu folgen.
Tust du das, wirst du im Nachhinein erkennen,
wie viel Sinn sie gemacht haben.

Impuls: Bleib in der Wohnung!

Verstand: Aber ich kann sie mir nicht leisten. Vielleicht sollte ich nach etwas Kleinerem suchen?

Impuls: Bleib in der Wohnung! Such dir einen Mitbewohner!

Verstand: Eine WG?! Ich weiß nicht ...

Impuls: Sag einfach klar, wie du es haben willst!

Okay. Wie wollte ich es denn haben? Ich erkannte, dass ich am liebsten einen Mitbewohner hätte, der zahlt, aber nie da ist. Genau das erzählte ich auch meinem näheren Umfeld. Meine Wunschäußerung sorgte stets für Lacher und die gleiche Reaktion: „Das gibts nicht, Michelle!"

Dennoch schrieb ich klar in das Inserat: „Wochenendpendler bevorzugt". Merk dir bitte: Deine Energie braucht klare Ansagen, um dir das Bestmögliche liefern zu können. Und du musst dir selbst die Erlaubnis geben, kongruent zu deinen Wünschen zu handeln, auch wenn hier und da noch manchmal der Gedanke von „Darf ich das?" mitschwingt.

Zwei Wochen nachdem ich meine Wohnung inseriert hatte, stand Markus vor meiner Tür, um sich die Wohnung anzuschauen. Für den Abschluss seines Masterstudiums hatte er einen Job für sechs Monate bei einer Firma gleich bei mir um die Ecke. Das passte perfekt, denn ich hatte die Wohnung für genau sechs Monate ausgeschrieben – genug Zeit, um mich finanziell so zu erholen, dass ich dann die Miete von 1200 € selbst zahlen konnte.

Meine Freude, die Wohnung mit jemandem zu teilen, hielt sich weiterhin in Grenzen, aber ich vertraute meiner Intuition, dass dies die richtige Entscheidung war. Und es stellte sich heraus, Markus war der perfekte WG-Mitbewohner für mich. Er lebte noch zu Hause, etwa eine Stunde Autofahrt von Mannheim entfernt, was ihm für die nächsten sechs Monate zu lästig war.

Er erwähnte beiläufig, dass es seiner Familie nichts ausmache, ihm eine Bleibe in Mannheim zu zahlen, auch wenn er voraussichtlich Freitag bis Montag immer zu Hause schlafen würde. Perfekt!

Zum Ende der Wohnungsbesichtigung standen wir in meiner Küche, und Markus hatte noch eine letzte Frage: „Sag mal, Michelle, warum hast du eigentlich ‚Wochenendpendler bevorzugt' in die Anzeige geschrieben?" Ehrlich, wie ich bin, antwortete ich: „Weißt du, das hier ist für mich eine Notlösung. Im Moment brauche ich eine finanzielle Entlastung, aber eigentlich hätte ich gerne jemanden als Mieter, der zahlt, aber nie da ist."

Ich lachte, er lachte und sagte: „Okay, ich gebe mir Mühe." Ach Markus, du Engel, danke! Wer hätte gedacht, dass du in den sechs Monaten insgesamt nur 28 Tage hier schlafen würdest und am Ende selbst lachend sagst: „Ich glaube, ein Hotelzimmer wäre billiger gewesen!"

Du hast es selbst in der Hand – also ergreif jede Chance, die du bekommst!

Manifestieren funktioniert – immer! Steh zu deinen Wünschen, habe keine Angst, sie laut auszusprechen! Und mach schon gar keinen Rückzieher, wenn die Möglichkeiten an deine Tür klopfen.

Um dich gegen die Ängste und Zweifel zu wappnen, die definitiv auftauchen werden, wenn du dabei bist, dein Leben zu verändern, musst du dein Mindset trainieren. Es braucht deine mentale Stärke, standhaft deinen Wunsch zu verfolgen und ihn dir auch dann zu nehmen, wenn er zum Greifen nah ist. Egal, was die anderen denken, egal, was dein innerer Saboteur sagt. Steh hinter deinen Bedürfnissen! So wie ich Markus, ohne mit der Wimper zu zucken, ganz ehrlich sagte, was ich mir wünsche.

Du fragst: Michelle, wie geht das? Wie kann ich Großes in mein Leben ziehen? Wie kann ich Unmögliches möglich machen? Zuallererst: Hör auf, es unnötig kompliziert zu machen, und akzeptiere, dass du ein Energiewesen bist und die ganze Zeit manifestierst. Sobald du akzeptierst, dass du

Manifestationskräfte besitzt und schon immer besessen hast, löst sich ein Teil deiner Widerstände auf.

Es ist verlockend zu glauben, dass jemand anderes die Antwort auf deine Fragen hat. Aber die Wahrheit ist: Die Antwort hast nur du selbst. Du bekommst die Antwort vielleicht durch mich, dieses Buch oder jemand anderen, aber nur, weil du endlich bereit bist, die Antwort zu hören und anzunehmen. Du gehst plötzlich in Resonanz mit der Antwort auf die eine Frage in deinem Kopf, weil du bereit bist, dich ihr zu stellen. Es ist gut möglich, dass du alles, was ich dir hier schreibe, schon 100-mal gehört hast und alles nur Wiederholung für dich ist. Aber das spielt keine Rolle, denn es geht weniger um das Gesagte, Gelesene oder Gehörte. Es geht um deine Haltung dem Inhalt gegenüber. Wie bereit bist du diesmal, die Botschaften aufzunehmen und zu integrieren?

Die meisten, die schon alle möglichen Tools im Bereich Persönlichkeitsentwicklung ausprobiert haben, aber nicht vorwärtskommen, haben nie aufgehört, von ihrem hohen Ross herunterzukommen. Sie definieren sich über das, was sie angeblich schon wissen, ohne jemals angefangen zu haben, ihren Verstand auszuschalten und ihr sogenanntes Wissen in absoluter Demut zu verkörpern. Deswegen könnte eine mögliche Antwort auf deine Frage das Wort Arroganz sein. Es ist deine blinde Arroganz, die dich davon abhält, das zu leben, was du dir wirklich wünschst.

13

Make Over

Ende 2018 war ich körperlich und geistig erschöpft. Ununterbrochene Arbeit hatte meinen Traum von der Selbstständigkeit in eine völlig andere Realität verwandelt. Neben meinen Fitnesskursen in verschiedenen Studios gab ich Personal Trainings und arbeitete als Teilzeitkraft in einem Café, das einer Freundin gehörte. Zusätzlich jobbte ich noch als Bedienung auf 450-Euro-Basis in einer anderen Gastronomie.

Trotz der vielen Arbeit war Geld immer knapp. Zufall? Pech? Nö! Meine unsichtbaren Barrieren sorgten dafür, dass ich immer knapp bei Kasse war (mehr dazu später). Meine Unzufriedenheit mit mir und meinem selbsterschaffenen Lebenskonstrukt brachte mich so an meine Grenzen, dass ich ein Art Stoßgebet losschickte. Ende Dezember, als ich abends aus dem Fitnessstudio trat und in den dunklen Himmel blickte, fragte ich mich verzweifelt, wohin das alles führen sollte.

Ich wusste, dass es eine Veränderung brauchte, hatte aber keine Ahnung, wie die aussehen sollte. Ich führte eine Beziehung mit einem Menschen, den ich liebte, aber insgeheim wusste, dass er mir nicht guttat. Ich liebte meine Arbeit und trotzdem fühlte sie sich schwer an. Wie bei vielen meiner heutigen Kundinnen auch.

„Aber es macht mir Spaß!" ist die Standardaussage, wenn es darum geht, zu reflektieren, wo sie ihre eigenen Grenzen überschreiten. Ich glaube dir, dass es dir Spaß macht. Aber auch für Dinge, die uns viel Spaß machen, ist unsere Kapazität begrenzt. Wenn du gerne Sahnetorte isst, genießt du jeden Bissen und gönnst dir vielleicht noch ein zweites Stück. Aber wenn du fünf Stücke oder die ganze Torte isst, wird dein Körper irgendwann rebellieren. Wahrscheinlich wird dir schlecht und du entwickelst eher Abneigung als Freude beim nächsten Anblick einer Sahnetorte.

Selbst wenn du gerne tust, was du tust, wird sich ein Zuviel früher oder später in deinem System bemerkbar machen – sei es durch einen Nervenzusammenbruch, extreme Gewichtsschwankungen, Krankheit oder emotionale Achterbahnfahrten. Im Kapitel „Strama" (s. S. 48) habe ich dir veranschaulicht, warum selbst die positiven Dinge in unserem Leben manchmal dazu führen, dass wir uns ausgebrannt fühlen. Selbst wenn du deine Partnerin liebst, die Liebe aber eher auf einer ungesunden Co-Abhängigkeit basiert, wirst du innerhalb dieser Beziehung niemals glücklich sein.

Der größte Schmerz entsteht oft durch die Erkenntnis der eigenen misslichen Lage.

Inspiriert von Julia Roberts in „Eat Pray Love", trat ich aus dem Fitnessstudio, blickte in den dunklen Himmel und flüsterte: „Ich weiß nicht mehr weiter, bitte hilf mir." Danach setzte ich mich in mein Auto und weinte Rotz und Wasser. Allein schon auszusprechen, dass ich mir Veränderung wünschte und endlich mal alle dazugehörigen Gefühle zuzulassen, tat schon unglaublich gut. Es passierte erst mal nichts und ich war wieder in meinem alltäglichen Galopp. Doch ein paar Wochen später konnte ich gewisse Impulse klar und deutlich fühlen. Anstatt sie wie immer zu ignorieren, folgte ich ihnen plötzlich. Das Resultat: Die nächsten 16 Monate fegte meine Energie alles weg, was keine Beständigkeit und Nutzen für mich hatte.

Ich kündigte meinen Teilzeitjob im Café, meldete mich für die Osteopathie- und Heilpraktikerausbildung an, zog mit meinem Ex-Partner zusammen, verliebte mich kurz darauf in meinen Dozenten, mein Ex zog aus unserer gemeinsamen Wohnung aus, ein Fremder zog ein, mein Bankkonto wurde vom Finanzamt gepfändet, ich brach die Osteopathie-Ausbildung ab, alle Fitnessstudios schlossen wegen des Lockdowns und ich hatte keinen Job mehr. Ich realisierte: Die einzige Konstante im Leben ist Veränderung. Du wirst in deinem Leben immer wieder an deine Grenzen kommen. Sich ausgiebig mit Persönlichkeitsentwicklung, Energiearbeit und Selbstliebe zu beschäftigen, ist kein Garant dafür, dass du dich nie wieder schlecht oder überfordert fühlst. Aber du hast es selbst in der Hand, wie du zukünftig mit den Herausforderungen des Lebens umgehst.

Ich ließ mich damals von meiner eigens initiierten Umbruchwelle mitreißen. Mal surfte ich auf ihr, mal drohte ich zu ertrinken. Aber eins tat ich vor allem: Ich vertraute darauf, dass sie mich dahin bringen würde, wo ich hinwollte. Ich konnte ihr vertrauen, weil ich erkannt hatte, dass dieser Tsunami aus meinem Inneren entstanden war. Heute lebe ich mein absolutes Traumleben – an meinem Wunschort, mit einem erfolgreichen Business, absoluten Traumkunden und einer erfüllten Partnerschaft auf Augenhöhe. Und das nur, weil ich meinem inneren Ruf gefolgt bin. Egal, wie viel Angst ich hatte oder wie unbequem es war, ich ließ zu, dass ich ankomme und meine Visionen Wirklichkeit werden.

Vielleicht ist es genau das, woran du heute erinnert werden darfst: Hör nicht auf, deinem inneren Ruf zu folgen! Niemals!

14
Manche gehen – manche kommen (wieder)!

Ablehnung fühlt sich an wie ein K.o.-Schlag im Boxen. Sie lässt dich falsch und alles andere als liebenswert fühlen. Kein Wunder, dass wir K.O.-Schläge instinktiv vermeiden. Woher kommt dieser Drang nach Zugehörigkeit? Evolutionär betrachtet bot die Zugehörigkeit zu sozialen Gruppen Schutz, Sicherheit und Zugang zu Ressourcen wie Nahrung und Fortpflanzungspartnern. Der Mensch war auf die Zusammenarbeit und Unterstützung von Gruppenmitgliedern angewiesen, um zu überleben.

Im Laufe der Zeit hat sich dadurch ein starkes Bedürfnis in unserer Gesellschaft entwickelt, sich mit anderen zu verbinden und in sozialen Gemeinschaften aufgenommen zu werden. Das Gefühl von Zugehörigkeit erfüllt grundlegende emotionale Bedürfnisse wie Sicherheit, Akzeptanz und Liebe. Teil einer Gemeinschaft zu sein, festigt oftmals die eigene Identität.

Allein deswegen spielt Zugehörigkeit zu sozialen Gruppen wie Familie, Freunden, Kollegen oder Gemeinschaften eine wichtige Rolle in deinem Leben. Ob du willst oder nicht, ein Teil von dir definiert sich genau über diese Zugehörigkeit. Umso verständlicher wird es, warum Menschen auch heute noch oft Ablehnung gegenüber Neuem empfinden. Diese evolutionären Mechanismen halfen unseren Vorfahren, potenzielle Gefahren zu erkennen und zu vermeiden. Unbekanntes galt zunächst als Bedrohung. Du kannst es deinem Umfeld also nicht wirklich verübeln, wenn sie auf den neuen Weg, den du eingeschlagen hast, ablehnend reagieren. Doch das ist kein Grund, deswegen Veränderungen in deinem Leben zu vermeiden!

Ich kann mir gut vorstellen, wie schwer es manchmal fällt, dir und deinen Visionen zu 100 % treu zu bleiben. Endlich zu deiner Sexualität zu stehen, dich selbstständig zu machen, aus einer langjährigen, aber unglücklichen Partnerschaft auszubrechen, in dein Traumland auszuwandern oder dich in den sozialen Medien mit deiner Botschaft zu zeigen, um etwas in der Welt zu verändern. Bitte bedenke, je länger du wartest, desto größer wird deine Angst.

Es wird Leute geben, die sich an deine alte Identität klammern, weil ihnen deine neue Identität Angst macht und sie nichts damit anfangen können. Wenn du plötzlich anfängst, ein Leben zu leben, in dem du davon überzeugt bist, dass Unmögliches möglich ist, wird es Leute geben, die das enorm triggert. Sie werden mit einer Wahrheit konfrontiert, die sie selbst nicht sehen wollen: die Wahrheit, dass Veränderung immer möglich ist, egal, wie groß die Ausreden auch scheinen. Es wird Menschen geben, die sich von dir abwenden, und es wird Menschen geben, die sich dir zuwenden – gerade, weil du anfängst, ein selbstbestimmtes und selbstverantwortliches Leben zu führen.

Niemand kann dich ohne deine Zustimmung
minderwertig fühlen lassen.

Eleanor Roosevelt

Als ich vor einigen Jahren angefangen hatte, nicht mehr meine alten Rollen zu bedienen, fühlten sich einige Personen aus meinem Umfeld vor den Kopf gestoßen, denn ich stand für bestimmte Dinge nicht mehr zur Verfügung. Ich habe in gewissen Beziehungen Grenzen gezogen, egal, ob beruflich, freundschaftlich oder familiär. Das hat anfänglich nicht jedem gepasst, verständlich, aber es ist unmöglich, glücklich und erfüllt zu sein, wenn du stets darauf bedacht bist, die Bedürfnisse der anderen zu bedienen. „Ich mag dich ja trotzdem noch ...", sagte eines Tages eine Freundin zu mir. Auf meine Frage hin „Trotz was?" Konnte sie mir keine richtige Antwort geben.

Für mich war klar: Ich wollte keine Menschen mehr in meinem Leben haben, die mich „trotz" meiner Träume und Visionen mochten. Oh danke, wie großzügig, Euer Ehren! Das ist nichts anderes, als wenn ich zu jemandem sagen würde: „Ich mag dich ja trotzdem noch, auch wenn du schwul bist", „Ich mag dich ja trotzdem noch, auch wenn du arbeitslos bist", oder „Ich mag dich ja trotzdem noch, auch wenn du Depressionen hast." Ekelhaft!

Denn energetisch implizieren all diese Aussagen eine Abwertung meines Gegenübers und eine Aufwertung meinerseits.

Das ist nur ein Beispiel – aus meiner Sicht bist du Bombe, erst recht, wenn du für dich und deine Wünsche losgehst.

Eine andere Freundin sagte wortwörtlich zu mir: „Michelle, hättest du mir erzählt, dass du 20 000 € für ein Coaching investierst, hätte ich dir gesagt, du musst zum Psychologen."

Ach ja, wir Menschen können schon echte Schätze sein. Zuallererst: Auch wenn das Zitat meiner Freundin den Eindruck erwecken könnte, es sei schlecht, zum Psychologen zu gehen, ist es das nicht! Im Gegenteil, Therapie und Coaching sind unglaublich wertvoll. Kein Grund, sich zu schämen.

Das Gegenteil ist der Fall: Wer diesen Schritt geht und sich Unterstützung von außen holt, egal, ob er seine Suchtkrankheit überwinden, traumatische Erfahrungen verarbeiten, seine

Beziehung retten oder endlich mehr als gut von seiner Selbstständigkeit leben möchte – Chapeau!

Es braucht mehr von diesen mutigen Menschen, die bereit sind, sich ihren inneren Schatten zu stellen und Verantwortung zu übernehmen, anstatt mit dem Finger auf andere zu zeigen. Der Kommentar meiner Freundin war nichts anderes als ein Spiegel ihrer eigenen Limitierung.

Laut der WeddyPlace Hochzeitsstudie gaben im Jahr 2023 Paare im Schnitt 14 297,50 € für ihre Hochzeit aus, Tendenz steigend. Ich persönlich habe jedoch noch nie erlebt, dass Freunde und Bekannte dem Brautpaar raten, zum Psychologen zu gehen, weil sie so viel Geld für knapp 16 Stunden Hochzeitsfeier ausgeben. Woran liegt das? Ganz einfach: Alles, was die Masse macht, gilt erst mal als normal. 20 000 Euro für ein sechsmonatiges Coaching auszugeben, ist immer noch sehr unkonventionell.

Aber was wäre, wenn du aufhörst zu bewerten, in jederlei Hinsicht? Was wäre, wenn du den Raum öffnest und es kein Entweder-oder mehr gibt, kein Besser oder Schlechter?

Was, wenn es für dich zukünftig nur noch darum geht, dass du dich gut fühlst und in allem, in das du investierst, den Wert für dich erkennst?

Wahre Freiheit ist, wenn es dir egal ist,
was andere über dich denken!

Wenn du beginnst, dein Leben umzukrempeln, weil du es dir zur obersten Priorität gemacht hast, dein absolutes Potenzial auszuleben und ein erfülltes, glückliches Leben zu führen, besteht die Chance, dass sich auch dein Umfeld verändert. Es muss nicht so sein, aber es ist gut möglich, dass manche deiner zwischenmenschlichen Beziehungen in die Brüche gehen. Du kannst die Menschen um dich herum nicht kontrollieren, auch wenn du das gerne würdest. Sie werden sich so oder so ihre Meinung über dich bilden und über dich reden. Daran ändert sich auch nichts, wenn du weiterhin im „People-Pleaser-Modus" bleibst und versuchst, immer und überall absolute Harmonie aufrechtzuerhalten (dazu mehr ab S. 142).

Vertraue darauf, dass die Menschen, auf die es wirklich ankommt, auch bei dir bleiben. Die, die ihre Rolle in deinem Leben schon erfüllt haben, werden sowieso gehen. Manche Beziehungen, egal, welcher Art, sind eben Kurzzeitbeziehungen. Das bedeutet aber nicht, dass sie weniger wertvoll waren. Sie hatten ihre Daseinsberechtigung und haben dir zum richtigen Zeitpunkt in deinem Leben gedient.

Wenn du etwas oder jemanden verlierst, ist es nicht immer ein Verlust. Manchmal ist es ein Gewinn, da gewisse Dinge gehen müssen, damit du dich selbst finden kannst.

Ich selbst durfte die schöne Erfahrung machen, dass sich einige Menschen wieder bei mir meldeten. Diese hatten sich zuvor aufgrund meiner Entwicklung, meiner Ansichten und meiner Arbeit als Coach von mir abgewandt. Einer meiner absoluten Lieblingsmomente war, als mich eine ehemalige und langjährige Freundin kontaktierte und das Gespräch mit mir suchte. Während unseres Telefonats, in dem wir anfänglich eher Updates aus unserem jeweiligen Leben durchgaben, sagte meine Freundin plötzlich zu mir: „Michelle, ich möchte mich bei dir entschuldigen." Da ich nicht wirklich wusste, um was es geht, sagte ich nichts und hörte gespannt zu. Sie erzählte mir, dass sie in der Vergangenheit immer mal wieder schlecht über mich, meine Aussagen und meine Arbeit geredet hatte. Sie wusste zwar selbst nicht warum, aber obwohl sie meinen Podcast furchtbar fand und sich ständig darüber ärgerte, lauschte sie immer wieder rein. Und so schilderte sie mir auch, dass es immer mal wieder Momente in ihrem Leben gab, wo sie meine Stimme in ihrem Kopf hörte, die abfällig sagte:

„Na? Rennste wieder irgendwelchen Zertifikaten hinterher?!", oder auch „Oh, sind wir mal wieder richtig im Mangel?"

Gegen Ende sagte sie lachend: „Eigentlich hast du mich die ganze Zeit gecoacht!" Und „Ich hab's jetzt erst gerafft!" Damit meinte sie, sie hätte jetzt größtenteils verstanden, was ich die letzten Jahre so von mir gab.

Ganz ehrlich?! Solltest du dich gerade durch dieses Buch quälen und es nur lesen, weil du fassungslos bist über den Blödsinn, den ich hier schreibe, wie bei einem Unfall, bei dem man einfach nicht wegschauen kann –, aber in ein paar Jahren deine Weisheiten und Erkenntnisse daraus ziehen, dann bin ich mehr als glücklich!

Meine Freundin hätte mir das nicht erzählen müssen. Schlussendlich gab und gibt es nichts für mich zu vergeben. Ich weiß selbst, wie schnell der Mensch ablehnt, was ihm neu ist. Ich war auch nicht immer die beste Freundin, Partnerin oder Kollegin. Auch ich habe in diesem Leben schon Menschen abgewertet, abgelehnt und mit Sicherheit durch mein Verhalten und meine Worte verletzt. Unseren Mitmenschen ein gewisses Verständnis entgegenzubringen und ihnen gegebenenfalls zu vergeben, ist unglaublich erleichternd. Inwieweit du Menschen, die dich verletzt haben, weiterhin noch zu deinem näheren Umfeld zählen möchtest, ist ganz dir überlassen.

Was ich aber vor allem aus dem Gespräch mit meiner Freundin für mich mitnahm, war die schöne Erkenntnis, dass ich keinerlei Triumph verspürte. Gerade wenn wir neue Wege einschlagen und es von außen Kritik hagelt, neigt unser menschliches Ego dazu, den anderen beweisen zu wollen, dass man im Recht ist. Ablehnung von außen lässt kaum jemanden kalt und aktiviert in uns häufig einen inneren Widerstand. Deshalb passiert es nicht selten, dass alles, was wir tun, lediglich darauf basiert, es den anderen zu zeigen, unbewusst.

Diese Verhaltensweise entfernt dich nicht nur von deinem inneren Kern, sondern sorgt auch dafür, dass dein Selbstbewusstsein stetig schrumpft. Löse dich von der Sehnsucht nach Lob von außen. Gehe deinen Weg, verkörpere Stück für Stück mehr deine neue Identität und lebe deine Vision. Es ist eine logische Folge des Gesetzes der Anziehung, dass du so mit der Zeit immer mehr Menschen anziehst, die auf deiner Wellenlänge sind. Menschen, die von dir inspiriert sind und ähnliche Werte teilen. Solange du das Gefühl hast, ständig kämpfen und überzeugen zu müssen, wirst du dir immer wieder Menschen und Situationen in dein Leben ziehen, die genau diese Rolle erfüllen. Erlaube dir mehr Leichtigkeit und fokussiere dich auf dich und deine Bedürfnisse.

Frage dich: Was ist meine Wahrheit? Wo stehe ich gerade und wo will ich hin? Wer oder was kann mich auf meinem Weg, meine Visionen zu verwirklichen, unterstützen? Was tut mir gut?

Und wenn du die Antworten auf diese Fragen hast, handle danach! Sei konsequent und überzeugt davon, dass du in der Lage bist, deine Visionen zu realisieren.

15
Erfolg fängt in deinem Inneren an!

Ein erfülltes und glückliches Leben findet in deinem Inneren statt! Da draußen gibt es Menschen, darunter auch Coaches und Mentoren, die dir schnelle und große Erfolge im Außen versprechen. Diese Aussagen haben selbstverständlich ihre Daseinsberechtigung, aber du kannst Erfolg im Außen – z. B. ein volles Bankkonto, eine große Follower-Anzahl auf Social Media, mehrere erfolgreiche Unternehmen, Bewunderung und Zuspruch von der Masse, Besitztümer oder einen Celebrity Status – nur dann genießen, wenn du auch innerlich gut aufgestellt bist. Ohne mentale Stärke und einen unberührten Anteil in dir wirst du entweder gar nicht erst in der Lage sein, dir Erfolg im Außen zu schaffen. Oder ein gewisser Erfolgsstatus überfordert dich so sehr, dass du verzweifelt eine Kompensationsstrategie suchst.

Bekannte und erfolgreiche Stars wie Whitney Houston, Amy Winehouse und Elton John hatten in ihren Zwanzigern ihre musikalischen Durchbrüche. Trotz tausender Fans, ausverkaufter Konzerte, hoher Umsätze, Ehrungen und renommierter Preise waren diese Künstler unglücklich. Alle drei hatten enorme Drogenprobleme, die hauptsächlich dadurch entstanden, dass sie sich ungeliebt und teilweise einsam fühlten. Durch Alkohol- und Drogenexzesse versuchten sie, die Wunde und das Gefühl, nicht geliebt zu sein, zu stopfen. Ist es Zufall, dass alle drei auch Beziehungen zu Männern führten, die ihr Selbstwertgefühl noch weiter minderten? Nein!

Wir Menschen bedienen unsere Muster ununterbrochen und unbewusst. Sind wir davon überzeugt, nicht liebenswert zu sein, werden wir uns auch immer wieder Menschen und Situationen herbeirufen, die uns in dieser Wahrheit bestätigen. Das nennt man auch Selbstsabotage.

Kein Mensch, kein Geld, keine bestimmte Follower-Anzahl, keine Handtasche, kein Doktortitel, kein Auto, kein Traumjob, kein Boot, kein Privatjet, keine Uhr und kein Deal der Welt können dich retten und dafür sorgen, dass du dich wertvoll, liebenswert und innerlich sicher fühlst. Das ist, so überraschend es auch klingen mag, ganz allein dein Job!

Es ist und bleibt deine Aufgabe, dafür zu sorgen, dass es dir gut geht und dass du glücklich bist.

Niemand kann dir deine zweifelnden und selbstsabotierenden Gedanken nehmen. Niemand kann dein Selbstwertgefühl und Selbstvertrauen aufpäppeln. Niemand kann deine negativen Glaubenssätze und Überzeugungen wegradieren. Niemand kann deinen Groll und deine Ängste auflösen. Niemand kann deine Sicht auf deine Vergangenheit ändern. Niemand kann dein Leben für dich leben, außer du selbst. Es stimmt nicht, dass du machtlos bist, auch wenn man uns das oft versucht einzureden.

Du bist machtvoll, und du kannst nicht nur – du solltest dein Leben selbst in die Hand nehmen. Und auch wenn es letztendlich du bist, die den Kurs für ihr Leben bestimmt, musst du es nicht allein machen, du darfst dir Unterstützung holen.

Wie du vielleicht weißt, sind die Musikerinnen Amy Winehouse und Whitney Houston aufgrund der Folgen ihres Drogen- und Alkoholkonsums gestorben.

Elton John hingegen ist seit über 30 Jahren trocken. Allerdings hat er nicht nur einfach aufgehört, Alkohol zu trinken und Drogen zu konsumieren. Er hat Menschen, von denen er sich immer abgelehnt fühlte – allen voran seine Eltern – vergeben und Altes hinter sich gelassen. Elton John hat sich von den Menschen, die ihm nicht guttaten, abgewandt und ein neues Leben begonnen. Der Musiker hat weltweit über 300 Millionen Alben verkauft, was ihn zu einem der erfolgreichsten Musikkünstler aller Zeiten macht.

„Don't you know I'm still standing
better than I ever did?
Looking like a true survivor, feeling like a little kid.
I'm still standing after all this time, picking up the pieces
of my life without you on my mind."

-

„Weißt du nicht, dass ich besser dastehe als je zuvor?
Ich sehe aus wie ein wahrer Überlebender, fühle mich
wie ein kleines Kind.
Ich stehe immer noch nach all dieser Zeit, sammle die
Stücke meines Lebens auf, ohne an dich zu denken."

„I'm still standing" von Elton John

Was viele nicht wissen, ist, dass Elton John zwar sehr begabt ist im Klavierspielen, Komponieren und Singen, aber Schwierigkeiten mit dem Texten hat. Deswegen schreibt seit den 1960er Jahren Bernie Taupin alle Songtexte für ihn. Viele Menschen kämpfen, weil sie verbissen und von ihrem Ego getrieben sind, alles allein machen zu müssen. Gehörst du noch dazu? Wunderst du dich, warum du nur bedingt vorankommst?

Oder bist du schon an einem Punkt angelangt, an dem du so erschöpft bist, dass du deine Träume – privat wie beruflich – drohst aufzugeben?

Erfolg fängt in deinem Inneren an. Du hast keine Ahnung, was plötzlich alles in deinem Leben möglich ist, wenn du alle Bewertungen weglässt und dich für Möglichkeiten öffnest, wie zum Beispiel Hilfe anzunehmen. Eine Paartherapie, um mit deinem Partner einen neuen und besseren Kommunikationsweg zu finden. Eine Reinigungskraft, die dich im Haushalt unterstützt. Eine Mitarbeiterin, die dich bei deiner Büroarbeit entlastet. Ein Personal Trainer, der dir hilft, wieder schmerzfrei durch das Leben zu gehen. Ein Babysitter, der euch einen freien Paarabend ermöglicht. Ein Business Coaching, um endlich den gewünschten Umsatz zu generieren. Ein Umzugsunternehmen, das dir nicht nur Nerven, sondern auch Rückenschmerzen erspart.

Egal was, egal, in welchem Bereich, nimm Unterstützung an! Ich weiß, dass du es, wenn es hart auf hart kommt, allein packst. Aber die Frage ist doch eher: *Willst du ein hartes und anstrengendes oder ein fluffig leichtes Leben?*

Hätte Elton John sich gezwungen, mit Biegen und Brechen irgendwelche Songtexte aus sich herauszupressen, würde er wahrscheinlich heute noch als Reginald Kenneth Dwight in Pinner, Middlesex, England leben. Und kein Mensch wäre je in den Genuss seiner Gesangs- und Klavierkünste sowie seiner spektakulären Bühnenoutfits und Shows gekommen. Hilfe anzunehmen, bedeutet gleichzeitig, Verantwortung für dich und dein Leben zu übernehmen.

Wenn du dir beweisen musst, dass du alles allein schaffst, wird es Zeit, dass du dir genauer anschaust, welche tiefe Verletzung dahintersteckt. Denn das Muster, immer zu funktionieren, weiterzumachen und alles selbst zu tun, ist lediglich ein Symptom und pure Ablenkung, um nicht tiefer blicken zu müssen. Was meine ich also genau, wenn ich sage, dass Erfolg im Inneren beginnt? Bedeutet das, dass du zuerst innere Arbeit leisten musst, um Erfolg im Außen sichtbar werden zu lassen? Nicht unbedingt. Oft sind es die äußeren Umstände, die uns überhaupt erst die Tür öffnen, um unser Potenzial zu entfalten, innerlich zu wachsen und uns zu transformieren. Es ist kein Entweder-oder. Du musst nicht erst im Inneren etwas in dir verändern, um im Außen erfolgreich zu sein. Genauso wenig, wie du erst äußerlichen Erfolg brauchst, um dich innerlich gut zu fühlen. Vielmehr ist es eine bewusste Entscheidung, in jedem Moment zu verstehen, dass du Erfolg – ob innerlich oder äußerlich – nur dann wirklich halten und genießen kannst, wenn du in der Lage bist, jegliche Bewertungen, Schuld- oder Schamgefühle, Selbstsabotage und Selbsthass aufzulösen. Erfolg ist nur dann von Bedeutung, wenn er dich glücklich macht. Ein erfolgreiches Leben bedeutet für mich, ein Leben zu leben, das du liebst, in allen Belangen. Ein Leben, vor dem du dich nicht mehr verstecken oder vor dem du nicht mehr weglaufen musst. Was bedeutet ein erfolgreiches Leben für dich? Und würdest du sagen, du bist schon da, wo du hinwillst?

16
Fehler

„Es gibt keine Fehler." Hast du diesen Satz schon einmal gehört oder selbst gesagt? Ich verstehe den Grundgedanken dieser Aussage. Doch im Kern bedeutet es, dass wir Fehler als etwas Schlechtes betrachten und Angst vor ihnen haben. Ähnlich wie der ständige Versuch, ein guter Mensch für die Allgemeinheit zu sein, aus Angst, jemand könnte negativ über einen denken. Erinnern wir uns: Gut und schlecht, richtig und falsch sind relative Begriffe, die jeder nach seinem eigenen Wertesystem definiert. Was wäre, wenn du Fehlern genauso offen gegenüberstehst wie Erfolgen? Wenn wir vor etwas Angst haben und es ablehnen, neigen wir dazu, es zu umschreiben und zu verschleiern.

Wie gut kannst du dir eingestehen, Fehler zu machen? Wie gut kannst du akzeptieren, dass du dein Leben lang Fehler machen wirst? Wo lässt du Chancen ungenutzt, aus Angst, einen Fehler zu machen? Wo lebst du mit angezogener Handbremse, weil du keine Fehlentscheidungen treffen willst?

Je schneller du akzeptierst, dass Fehler ein natürlicher Bestandteil des Lebens sind und genauso viel Potenzial zur Weiterentwicklung bieten wie richtige Entscheidungen, desto befreiter wirst du von Schuld und Scham. Diese Gefühle werden immer weniger Einfluss auf dein Leben haben. Die Fähigkeit, deine Fehler ohne Selbstsabotage anzuerkennen, ist hierbei entscheidend und erfordert Übung. Siehst du die Fehler als Hindernis oder als Möglichkeit?

Fehler sind eine Möglichkeit, einen neuen Weg einzuschlagen. Ich habe in diesem Leben schon viele Fehler gemacht – als Tochter, Freundin, Partnerin, Coach, Steuerzahlerin, Kundin und in vielen anderen Rollen. Doch wie in der Schlussszene des Films „8 Mile" mit Eminem dargestellt, bist du nur so lange angreifbar, wie du deine Fehler und die daraus resultierenden misslichen Umstände zum Tabuthema machst. In einem Rap-Battle listet Eminem alle seine Fehler auf, sodass sein Gegner nichts mehr hat, worüber er sich lustig machen könnte.

Dieser Gegner ist oft nicht dein Umfeld, sondern du selbst. Es ist dein innerer Kritiker, der dich wegen deiner Fehler kleinhalten will. Wenn du aber aufhörst, dich kleinmachen zu lassen, und dich stattdessen mit deinen Fehlern auseinandersetzt, wirst du ein leichteres Leben leben. Es geht nicht darum, sich über Fehler zu definieren, sondern daraus zu lernen und Weisheit zu gewinnen. Gelingt dir das, kannst du eine erstaunliche Entwicklungsgeschwindigkeit erreichen und deine Ziele ohne Hindernisse verfolgen. Was es dafür braucht, ist echte Selbstakzeptanz, Selbstliebe und Verantwortungsbewusstsein. Der Weg dahin ist nicht immer leicht, denn du musst dich mit deinen Schattenseiten konfrontieren. Doch je mehr du dich mit dir und all deinen Persönlichkeitsanteilen beschäftigst, desto leichter wird Selbstakzeptanz und Selbstliebe für dich. Du wirst dich immer weniger an deinen Fehlern festklammern und dich davon definieren lassen, wenn du beginnst, dich vollkommen zu lieben.

Wie du dich selbst liebst, ist, wie du andere lehrst, dich zu lieben.

Rupi Kauri

Wenn du dich zu etwas hingezogen fühlst, egal, wie unlogisch es erscheinen mag, verbirgt sich dort oft ein Schatz, mit dem du nicht gerechnet hast. Sobald du die Angst vor Fehlern überwunden hast, eröffnet sich dir eine Welt voller Möglichkeiten.

Ich entschied mich dazu, meine Ausbildung zur Heilpraktikerin und Osteopathin abzubrechen. Nach dem ersten Schultag verschwand der Drang danach plötzlich. Zugegebenermaßen spürte ich immer noch eine Anziehungskraft, aber dieses Mal konnte ich die Ursache klar erkennen. Es war mein jetziger Partner, der mich zur Schule gezogen hatte – eine Manifestation, die ich erst rückblickend verstanden habe.

Dein Mangel ist der größte Endgegner deiner Manifestationen: mangelndes Vertrauen, mangelndes Selbstbewusstsein, mangelbehaftete Gedanken, mangelndes Commitment, mangelnde Selbsterlaubnis und mangelndes Durchhaltevermögen. Obwohl ich meine Ausbildung abbrach, musste ich weiterhin dafür bezahlen – fast das Doppelte sogar. Ja, in der Vergangenheit hatte ich das Talent, Dinge zu unterschreiben, ohne das Kleingedruckte zu lesen. Lehrgeld habe ich in diesem Leben schon mehr als einmal bezahlt, aber im Endeffekt ist es nur Geld! Ich setzte die Ausbildung nicht fort, selbst als klar war, dass ich einen fünfstelligen Betrag zahlen müsste, unabhängig davon, ob ich die Ausbildung abschloss oder nicht. War es ein Fehler, einen Knebelvertrag zu unterschreiben? Sich gegen die Ausbildung zu entscheiden? Das liegt im Auge des Betrachters. Ich bin heute dort, wo ich hinwollte, wahrscheinlich wegen jeder einzelnen meiner Entscheidungen. Dennoch mache ich aufgrund meiner Erfahrungen Dinge anders.

Die Kunst besteht darin, Dinge nicht zu bereuen oder ihnen nachzutrauern. Dinge weniger zu bewerten und schon gar nicht an Vergangenem festzuhalten. Das Einzige, was dich im Moment noch bremst, richtig durchzustarten, ist deine Angst, es könnte etwas schiefgehen. Wenn du aber die Angst vor Fehlern verlierst, gibt es abgesehen, von deinen unsichtbaren Barrieren, nichts mehr, was dich aufhalten kann, deine Visionen zu verwirklichen.

Es gibt also Fehler. Sie zu verschleiern oder so zu tun, als wären sie nicht da, sorgt nur dafür, dass wir sie mächtiger machen, als sie sind. Nicht die Fehler sind das echte Problem, sondern dein Umgang mit ihnen.

17
Lieber ein Ende mit Schrecken

Wie bereits erwähnt, hatte ich in der Vergangenheit ein Talent dafür, mich in finanzielle Schwierigkeiten zu bringen. Es dauerte eine Weile, bis ich begriff, dass ich erst dann verantwortungsvoll handelte, wenn ich gefühlt mit dem Rücken zur Wand stand, vor allem finanziell. Immer wieder das gleiche Theaterstück mit anderen Protagonisten und neuem Bühnenbild.

Es dauerte nicht lange, bis ich nach meinem Heilpraktiker-Ausbildungsabbruch erneut in eine ähnliche Misere geriet. Ich wollte mich im Bereich Business und weiblicher Unternehmensführung weiterbilden. Mittlerweile war ich seit mehreren Jahren selbstständig und hatte viel zu lange den sehr männlich geprägten Weg eingeschlagen. Das Motto „höher, schneller, weiter – mehr bringt mehr" war alles andere als gesund für mich. Ich wollte lernen, wie ich vor allem meine weiblichen Qualitäten effizient und gewinnbringend in mein Business integrieren konnte.

Manchmal sind es die Entscheidungen,
die du zwischendurch bereust, die sich aber im
Nachhinein als die bedeutendsten für dein
persönliches Wachstum erweisen.

Also entschied ich mich für ein Business-Coaching, von dem ich mir genau diesen gewünschten Outcome versprach. Ich bin auf die Frau, die das Coaching leitete, über einen Podcast gestoßen. In ihrem Podcast und auf Social Media teilte sie viele Inhalte zu den Themen Weiblichkeit im Business und dem daraus resultierenden finanziellen Erfolg. Das klang für mich vielversprechend und verlockend. Ich hatte das Gefühl, dass mir noch etwas fehlte, um endlich den Durchbruch in meinem Online-Business als Coach zu schaffen. In dieser Frau, besser gesagt in ihren Angeboten, sah ich das letzte, mir noch fehlende Puzzlestück.

Zu meiner Freude fand zu dem Zeitpunkt, als ich mit dieser Coachin liebäugelte, bald ein neues Gruppenprogramm statt, bei dem genau diese Themen besprochen werden sollten. Ich wurde zu einem Online-Verkaufsgespräch mit einer Mitarbeiterin eingeladen, bei dem ich mich am Ende entscheiden sollte, ob ich an einem oder mehreren Programmen teilnehmen wolle oder nicht. Während des Verkaufsgesprächs war ich hin- und hergerissen. Für mich waren das große Geldsummen, die ich nicht einfach so auf meinem Konto hatte. Gleichzeitig setzte ich so viel Hoffnung in dieses Coaching, dass ich es machen wollte.

Oft wünschen wir uns eine Wunderpille für all unsere Probleme und merken dabei nicht, wie viel Verantwortung wir nach außen abgeben. Die Wunderpille zum Abnehmen, die Wunderpille für den Studienerfolg, die Wunderpille für Gesundheit, die Wunderpille für eine intakte Beziehung und auch die Wunderpille für ein mehr als gut laufendes Business – all diese Wunderpillen gibt es nicht!

Es gibt keine Wunderpille und schon gar keine Garantie, dass, wenn du X machst, Y dabei herauskommt. Solltest du eine „Wenn-dann-Haltung" haben, hör sofort damit auf. Jetzt! Wenn du beispielsweise zu mir in eins meiner Coaching Programme kommen möchtest, dann bitte, weil du dich darauf freust und davon überzeugt bist, dass es dich in irgendeiner Weise wachsen lässt und voranbringt. Aber auf keinen Fall, weil in deinem Kopf die Erwartung besteht:

„Wenn ich bei Michelle das Coaching mache, habe ich anschließend nie wieder Probleme, immer genügend Kunden, werde über Nacht Millionärin, treffe direkt meinen Traumpartner."

Lerne aus meinen Fehlern!

In ein Coaching zu gehen mit der inneren Haltung, dass du genau das brauchst, um ein spezifisches Ziel zu erreichen, ist eher suboptimal. Denn zwischen Brauchen und Wollen liegt ein riesiger Unterschied.

„Ich brauche das Coaching, um in meinem Business erfolgreich sein zu können", hat eine ganz andere Energie als „Ich will dieses Coaching machen, weil ich weiß, dass es mir hilft, noch mehr in meine Kraft zu kommen und mein Business besser zu skalieren."

Die erste Aussage beinhaltet eine Machtabgabe und Unsicherheit, wohingegen die zweite Aussage für Klarheit und innere Führung steht.

Wie du dir denken kannst, war ich zu diesem Zeitpunkt immer noch eher in der „Brauchen"-Energie. Die Mitarbeiterin, die das Verkaufsgespräch mit mir führte, machte aus Verkäufersicht einen ziemlich guten Job. Sie nutzte meine Unsicherheit und Verletzlichkeit, um was zu tun? Um zu verkaufen. Ein Business ist und bleibt zahlengetrieben. Ich selbst hatte gerade einen großen Auftrag an Land gezogen und traute mir zu, das Coaching finanziell stemmen zu können. Denn was ich in den letzten Jahren meiner Selbstständigkeit gelernt hatte, war, dass es nichts Wertvolleres gibt, als in mich selbst, meine Fähigkeiten und mein Wissen zu investieren. Egal, ob unzählige Fort- und Weiterbildungen im Bereich

Gesundheit, Atmung, Bewegung, Ernährung und Fitness oder im Bereich Mindset, Persönlichkeitsentwicklung, Coaching und Business-Aufbau – jede Schulung hat mich vorangebracht.

Lebe, als würdest du morgen sterben. Lerne,
als würdest du ewig leben.

Mahatma Gandhi

Ich sage nicht, dass du erst eine gewisse Anzahl an Zertifikaten oder Ausbildungen brauchst, um loslegen zu können. Auch nicht, dass du dich über diverse Schulungen identifizieren sollst. Vielmehr möchte ich betonen, dass es nichts Wertvolleres gibt, als in dich selbst zu investieren, und dass sich das immer auszahlt, ein Leben lang.

Am Ende des Verkaufsgesprächs sagte ich der Mitarbeiterin schließlich zu, wenn auch noch sehr zögerlich: Ich entschied mich, am achtwöchigen Gruppenprogramm für insgesamt 10 000 € teilzunehmen. Die Mitarbeiterin ließ allerdings nicht locker, was die anschließende Mastermind betraf – verständlich, jeder wünscht sich ein erfolgreiches Upselling. Ich wollte die Mastermind nicht machen, hatte aber aufgrund meines inneren People Pleasers nicht den Mut, ein klares Nein zu formulieren. Also druckste ich herum und vermied eine klare Aussage. Ich wollte mein Gegenüber glücklich machen und nicht enttäuschen. Typisch People Pleaser. Also sagte ich schließlich: „Die Mastermind findet ja erst im Anschluss statt, ich kann mich ja dann immer noch entscheiden, oder?" Die Mitarbeiterin antwortete: „Ja." Ein paar Tage später bekam ich die Rechnung per E-Mail mit der Bitte, kurz zu bestätigen, dass ich die Rechnung erhalten habe und ob alles passt.

Ja, für mich passte alles auf den ersten Blick.

Ich hatte mir die Rechnung nicht richtig angeschaut. Erst ein paar Wochen später stellte ich fest, dass ich unfreiwillig auch die anschließende Mastermind gebucht hatte. Ich sehe deinen ungläubigen Blick. Du willst nicht wissen, wie ich geschaut habe. Bevor ich jedoch diese überraschende Entdeckung machte, gab es noch ein anderes Schlamassel. Kurz nachdem ich die Rechnung per E-Mail erhalten hatte, platzte mein Deal mit einem meiner Kunden. Jetzt hatte ich wirklich ein Problem, denn ich hatte fest mit dem Geld gerechnet, um das bevorstehende Coachingprogramm zu bezahlen. Shit!

Was jetzt? Ich wollte das Coaching stornieren und hätte das auch ohne Probleme tun können, wie mir mein Anwalt später mitteilte. Ich schrieb der Mitarbeiterin aus dem Verkaufsgespräch, woraufhin wir telefonierten. Boah, die Frau machte ihren Job echt gut. Obwohl ich ihr von meiner neuen finanziellen Situation erzählte, überzeugte sie mich schnell, dass das Coaching jetzt genau das Richtige für mich sei. Ich glaubte ihr. Für mich galt es nun, so schnell wie möglich und irgendwie das Geld zusammenzubekommen.

Kämpfen war angesagt. Na bitte, und schon war ich wieder in meiner Rolle der Kämpferin. Ein neues Problem, das es zu lösen galt. Verstehst du immer besser, wie sehr wir nur unsere selbst geschriebenen Rollen immer und immer wieder bedienen? Kannst du schon erkennen, in welchen Rollen du feststeckst?

Ich zahlte das Coaching in insgesamt drei Raten à 3300 €. Nicht immer absolut pünktlich, aber irgendwie hatte ich es geschafft. Das Coaching selbst war inhaltlich eine reine Enttäuschung. Nach meinem Empfinden waren die Inhalte sowie das Coaching sehr hart und nicht das, was ich mir vorgestellt hatte. Wir bekamen Anweisungen für sogenannte

Einwandbehandlungen innerhalb eines Verkaufsgesprächs, beispielsweise:

„Wenn du einen Kunden am Telefon hast und er sagt, er würde gerne noch mal eine Nacht drüber schlafen, dann sagst du: ‚Was soll denn morgen anders sein?'. Lass auf keinen Fall locker!"

Oder auch das Prinzip von Himmel und Hölle:

„Führe deinem Kunden vor Augen, wie sein Leben weiter verläuft, wenn er genauso weitermacht wie heute (Hölle), und erzähle ihm dann, vielmehr frage ihn, wie sein Leben aussehen könnte, wenn er etwas verändert (Himmel)."

Ich verstehe, woher solche Verkaufsstrategien kommen. Ausprobiert habe ich sie ein paar Jahre zuvor auch. Eher widerwillig, aber auf Anraten verschiedener Coaches angewandt und mich dabei unwohl gefühlt. Diese Herangehensweisen haben in gewissen Welten ihre Daseinsberechtigung, aber eben nicht in meiner. Denn mit Magnetismus, Leichtigkeit und Empfänglichkeit hat das meines Erachtens überhaupt nichts zu tun.

Ich will Kunden, die bei mir buchen, weil sie mit mir arbeiten wollen. Keine potenziellen Kunden, die ich erst noch überzeugen muss, mit mir zu arbeiten. Das ist nicht meine Zielgruppe. Hast du Zweifel, ob du in ein Coaching investieren sollst, und wünschst dir unbewusst, dass ich dir diese Entscheidung abnehme, indem ich dir irgendwelche Garantien und Versprechungen gebe, bist du bei mir falsch. Verkaufsgespräche mache ich für meine Coachings, entgegen weit verbreiteter Sales Tipps, schon lange nicht mehr. Das ist mir viel zu kosten- und zeitintensiv. Solltest du nicht alle für dich relevanten Informationen zu den jeweiligen Programmen auf meiner Website finden und immer noch Fragen haben, traue ich dir zu, dass du in der Lage bist, mir oder meinem

Team eine E-Mail zu schreiben. Wir beantworten diese gerne schriftlich oder telefonisch.

Mach deine eigenen Regeln, privat wie beruflich!

Da ich mit den Inhalten des Coachings wenig anfangen konnte, war für mich schnell klar, dass das Folgeprogramm keine Option für mich war. Ich hatte zu dem Zeitpunkt aber noch nicht realisiert, dass ich es längst gekauft hatte.

Bitte versteh mich richtig, das Coaching war weder schlecht, noch war es die Coachin. Ich hatte nur etwas anderes erwartet und merkte, dass diese Herangehensweise bezüglich Businessaufbau überhaupt nicht mit mir räsonierte. Aber diese Klarheit bekam ich erst durch genau diese Erfahrung. Allein deswegen hat sich dieses Coaching schon gelohnt. Mein eigentliches Wachstum wurde aber erst nach dem Coaching so richtig angekurbelt. Im letzten Call wies uns die Coachin noch einmal darauf hin, dass in kurzer Zeit das Folgeprogramm startet und wir uns gerne bei ihrer Assistentin melden können, sofern wir daran Interesse hätten. Für mich war klar, dass ich kein Interesse hatte.

Ich schrieb der Assistentin, dass ich mich gegen die anschließende Mastermind entschieden hätte. Auf meine Nachricht folgte ein sehr interessantes Telefonat.

Die Assistentin machte mir deutlich, dass ich die Mastermind längst gebucht hatte, und sagte wortwörtlich:

„Du bist superschwammig und wirst nie Erfolg mit deinem Business haben. Spiritualität und Weiblichkeit werden dir hier gar nichts helfen. Außerdem haben wir schon längst mit deinem Geld gerechnet, und du kannst ja auch nicht in eine

Buchhandlung gehen, das Buch lesen und dann wieder zurückgeben."

Schon wieder eine Situation, in der jemand versuchte, mich kleinzumachen. Schon wieder fühlte ich mich beschissen. Diesmal war es keine Geschäftsführung, kein Ausbilder und auch niemand aus meinem näheren Umfeld, sondern die Assistenz des Coaches.

Danach gab es nur noch eine ähnliche Situation, in der mich jemand, in den ich Geld investiert hatte, anbrüllte und mir versuchte weiszumachen, dass ich gar nichts kann. Wortwörtlich: *„Du raffst gar nix!"*

Das war mein persönliches Finale, und dann war Schluss.

Ich beschloss, in meinen eigenen, immer gleich ablaufenden Theaterstücken nicht mehr mitzuspielen. Aus und vorbei. Ich stand nicht mehr für Menschen zur Verfügung, die Wasser predigten, aber Wein tranken und in mir ihren Sündenbock gefunden hatten. Und ich war mit der Rolle des Opfers sowie mit der der Kämpferin durch.

Du bist die einzige Person, die in der Lage ist, deinen Kreislauf zu durchbrechen und neue, wohltuende Erfahrungen in dein Leben zu ziehen.

Das achtwöchige Gruppenprogramm war bezahlt, aber mir erschloss sich nicht wirklich, wieso ich auch die bevorstehende Mastermind-Gruppe, an der ich ja nie teilnehmen wollte, bezahlen sollte. Während des Telefonats mit der Assistentin sagte ich nicht viel, ich war traurig und sehr unsicher. Ihre Worte trafen mich. War das die Wahrheit? Würde ich den Durchbruch nie schaffen, weil ich angeblich zu weich bin, an

Energie glaube und mich klar distanziere von der „Hast-du-einen-Kunden-am-Telefon-akzeptiere-kein-Nein"-Herangehensweise? Waren meine Visionen von einer großen Community, einem Business, von dem ich mehr als gut leben könnte und sogar Arbeitsplätze schaffen würde, lediglich Hirngespinste?

Ich hatte zu dem Zeitpunkt keine wirkliche Antwort auf meine Fragen. Kurz darauf erhielt ich ein Schreiben vom Anwalt der Coachin.

Oh Mann. Warum? Warum passiert das wieder mir? Von einem Drama ins nächste.

Von nun an kam Matthias ins Spiel, mein Anwalt, den ich dir ganz zu Beginn des Buches kurz vorgestellt hatte.

Ich schilderte ihm die Situation, und er machte mir schnell klar, dass meine Chancen rein rechtlich gesehen ziemlich schlecht standen. Ich hatte die Coaching-Rechnung nicht moniert, im Gegenteil, ich hatte sogar per E-Mail geantwortet, dass alles passte und ich hatte angefangen, das Coaching zu zahlen. Diese ernüchternden Fakten machten mir deutlich, dass, egal, wie unfair ich das alles auch fand, ich schlichtweg im Unrecht war. Ich war wütend auf mich, wie kann man nur so dumm sein?

Ich kam zu dem Entschluss, nicht dagegen vorzugehen und das Folgeprogramm einfach zu zahlen. Mein Anwalt, und dafür bin ich ihm sehr dankbar, sagte daraufhin nur:

„Musst du wissen, aber ich finde, für 5000 € lohnt es sich schon zu kämpfen!"

Da war es wieder, mein Schlagwort: kämpfen.

Hier wurde wieder meine Rolle des Opfers bedient, das seine schweren Geschütze auffahren musste.

Bitte versteh mich richtig, für sich einzustehen, Grenzen zu ziehen und sich zu verteidigen ist wichtig. Mal für etwas oder gegen etwas zu kämpfen, ist mehr als in Ordnung. In meinem Fall war es allerdings so, dass ich mich immer und immer wieder in genau solche Situationen manövrierte, die eigentlich unnötig waren. Mein System war auf Selbstsabotage programmiert. Und trotzdem hatte mein Anwalt recht, es lohnte sich in diesem Fall zu kämpfen. Egal, wie viel ich meinen Teil zu der Situation beigetragen hatte, wirklich korrekt und menschlich sind die Dinge nicht gelaufen.

Erfolg ist nicht endgültig, Misserfolg ist nicht tödlich:
Es ist der Mut, weiterzumachen, der zählt.

Winston Churchill

Wir kämpften leider vergeblich. Es lief auf einen Vergleich hinaus, in dem wir uns auf eine Ratenzahlung von 4 Raten à 1200 € einigten. Wie gesagt, aus rein rechtlicher Sicht sprachen die Fakten gegen mich.

Das Ganze brachte mich sehr zum Nachdenken. Ich fing die nächsten Wochen an, mich intensiv mit mir und meinen Verhaltensmustern auseinanderzusetzen. Das hatte ich auch schon die Jahre zuvor, aber die letzten Wochen hatten mir noch mal aufgezeigt, dass ich bisher nicht wirklich weitergekommen war. Ich erkannte die Wiederholungen in meinem Leben. Situationen, die ich eigentlich mit aller Gewalt vermeiden wollte, waren manchmal schneller da, als ich gucken konnte. Wie konnte das sein?

Ich fing an, mich mit meinen unsichtbaren Barrieren zu beschäftigen, ohne wirklich zu wissen, was ich tat, aber es funktionierte. Innerhalb weniger Wochen hatte ich plötzlich drei neue 1:1-Kundinnen gewonnen. Der Wahnsinn. Eine

Teilnehmerin stammte sogar aus dem vorherigen Gruppencoaching. Wir hätten uns niemals kennengelernt, wenn ich nicht in dem 8-Wochen-Programm gewesen wäre.

Manchmal verstehen wir unsere Manifestationen erst rückwärts. Bevor ich das Coaching gebucht hatte, habe ich mir vor allem neue Kunden gewünscht. Ich habe nichts von dem, was mir in dem Coaching beigebracht wurde, angewandt. Weder eine knallharte Verkaufsstrategie noch eine exaktere Positionierung oder eine Verfeinerung meines Kundenavatars. Aber es waren das Coaching und die ganzen damit einhergehenden Ereignisse, die mich förmlich dazu zwangen, etwas Grundlegendes zu ändern. Ich habe nicht nur meine unsichtbaren Barrieren minimiert und gelernt, wie ich besser mit meinen Fehlern umgehe, sondern auch drei neue Kundinnen dazugewonnen. Und wie du schon aus den ersten Seiten des Buches weißt, habe ich gar nicht den kompletten Vergleich zahlen müssen. Zufall? Nö! Unmögliches passiert dann, wenn wir es zulassen, dass es passiert. Innerhalb kürzester Zeit hatte ich einen Teil meines Opferdaseins und das Gefühl, immer kämpfen zu müssen, aufgelöst. Noch nicht komplett, aber eben ein gutes Stück. Allein das hat meine Schwingungsfrequenz so erhöht, dass ich plötzlich empfänglich war für Dinge, die ich mir zuvor nicht erlaubt hatte. Mehrere 1:1-Kunden gleichzeitig und damit einhergehend meinen ersten höheren fünfstelligen Umsatz. Sowie die schöne Tatsache, dass die Coachin gefühlt wie durch ein Wunder ihre Meinung geändert hatte und nicht mehr auf Biegen und Brechen darauf bestand, dass ich das Coaching zahlte, an dem ich nie hatte teilnehmen wollen.

Finde nicht einen Weg, sondern finde deinen Weg,
dein Leben so zu gestalten, dass du es liebst!

Diese und alle anderen Lebenserfahrungen haben mich zu dem Menschen gemacht, der ich heute bin. Keine dieser Erfahrungen möchte ich missen. Es sind nicht die einzelnen Ausbildungen, Coachings oder Techniken, die mich gelassen, erfüllt und locker mein Leben leben lassen. Es sind meine Erfahrungen, die mich dazu gebracht haben, mich mehr denn je selbst zu lieben und mich in mir sicher zu fühlen. Die einzelnen Inhalte und Tools aus Weiterbildungen oder Coachings haben mir nur deswegen etwas genützt, weil ich sie integriert und immer wieder angewandt habe. Das theoretische Wissen hat mich nicht weitergebracht, erst das Umsetzen veränderte etwas in meinem Leben. Viele Menschen neigen dazu, bei meinen Geschichten, die ich hier so ganz tabulos mit dir teile, zu denken:

„Gott sei Dank ist mir das nicht passiert."

Oder sie bekommen Beklemmungen bei der Vorstellung, ähnlichen Herausforderungen ausgesetzt zu sein. Das verstehe ich gut, aber es ist lediglich ein Indiz dafür, dass du wenig Vertrauen in dich selbst und deine Fähigkeiten hast.

Jetzt mal ehrlich: Hast du Angst vor dem Leben? Angst, zu wenig Geld zu haben, krank zu werden, deinen Job zu verlieren, allein zu sein?

Falls ja, meinst du nicht, es wäre an der Zeit, dich dieser Angst zu stellen? Um zukünftig mit mehr Leichtigkeit und Freude durch das Leben zu gehen? Ich meine so richtig ausgelassen und erfüllt? Wünschst du dir nicht das Gefühl von Sicherheit und purer Liebe für dich und das Leben? Keine ständigen sorgenvollen Gedanken mehr? Kein ständiges mögliches Drama, das sich vor deinem inneren Auge abspielt? Nicht nur, weil sich das negativ auf dich und deine Gesundheit auswirkt, sondern weil es auch unglaublich anstrengend ist?

Du kannst einfach existieren oder wirklich leben. Es ist ganz allein deine Entscheidung.

Ich groove mich förmlich durch mein Leben und mein Business. Die Dinge laufen mal gut und mal nicht so gut. Aber egal, wie es läuft, es macht für mich keinen Unterschied mehr. Ich fühle mich sicher und lebe in meinem ganz eigenen Flow. Ich habe die beste Beziehung zu mir selbst und genieße jeden einzelnen Prozess sowie alle meine Emotionen. Mein Inneres hat sich in den letzten Jahren erholt und ist besser aufgestellt denn je. Ich vertraue mir, meiner Intuition, meinen Fähigkeiten und meiner Energie. Und das Gleiche wünsche ich mir für dich!

Falls du dich fragst, was genau ich gemacht habe, um mich in meiner Haut wohlzufühlen und das Leben mehr zu genießen, anstatt ständig zu kämpfen, lautet die Antwort:

Ich habe mich mir gestellt.

Du erfährst in Teil 3 mehr über meine Herangehensweisen und wie du grundlegend etwas in deinem Leben verändern und verbessern kannst.

Vorab möchte ich aber noch einmal genauer auf das Thema People Pleasing eingehen. Die meisten unterschätzen, wie schnell sich ihr Leben verändert, wenn sie aufhören, diese Verhaltensweise weiterhin zu bedienen.

18
People Pleaser

People Pleasing kann sich auf verschiedene Weise zeigen. Meist betrifft es Personen, die übermäßig darauf bedacht sind, anderen zu gefallen. Ein People Pleaser versucht, die Bedürfnisse anderer zu erfüllen, oft auf Kosten der eigenen. Sein Selbstwertgefühl hängt stark davon ab, wie andere ihn sehen und ob er Zustimmung und Lob erhält. Solche Menschen neigen zur exzessiven Hilfsbereitschaft und vermeiden Konflikte um jeden Preis. Sie sind harmoniebedürftig und sagen häufig zu allem und jedem „Ja", selbst wenn es unvernünftig, unmachbar oder eigentlich ein „Nein" ist.

---

*Ein Nein zu etwas oder jemandem ist ein klares Ja
für dich und deine Bedürfnisse.*

Gerade das Thema „Ja" sagen aber „Nein" meinen, hat mich nicht nur Lehrgeld zahlen lassen, sondern auch dazu geführt, dass ich Menschen enttäuscht habe. Es ist irgendwie verrückt: Du denkst, wenn du Ja sagst, obwohl du Nein meinst, wäre es für alle Beteiligten erst mal besser. Aber das Gegenteil ist der Fall.

Vor ein paar Jahren hatte ich mit einer Freundin einen Streit. Sie war zu Recht sauer auf mich. Sie wollte Silvester mit mir feiern, aber ich wollte eigentlich mit meinem damaligen Partner Silvester verbringen. Gleichzeitig wollte ich sie aber nicht enttäuschen und sagte Ja, obwohl ich gar nicht wollte.

Wochen vergingen, in denen ich mir lächerlicherweise einredete, dass sie es vielleicht vergessen würde, dass wir zu zweit Silvester feiern wollten. Tat sie nicht. Als es dann nur noch wenige Wochen bis zum 31. Dezember waren, rückte ich endlich mit der Sprache heraus, dass ich lieber mit meinem Freund Silvester feiern wollte. Ich wollte mit ihm das neue Jahr beginnen, wollte aber auch meine Freundin nicht im Stich lassen, die zu diesem Zeitpunkt Single war. Sie war enttäuscht und sauer, als ich dann doch relativ kurzfristig absagte. Versteh ich. Hast du schon einmal Ja gesagt, obwohl du Nein meintest?

Diese Situation fiel mir unter anderem wieder ein, als ich mitten in meiner Coaching-Anwalt-Vergleichszahlungs-Misere steckte. Mir wurde plötzlich bewusst, dass ich in der Vergangenheit sehr oft zu Dingen Ja gesagt hatte, obwohl ich ein ganz klares Nein fühlte. Ob zu meinen Freunden, meinen Kunden oder beispielsweise das Folgeprogramm von einem Coaching.

Aber nicht nur das, ich war früher übermäßig hilfsbereit. Ich zwang mich manchen Menschen, von denen ich unbedingt gemocht werden wollte, fast auf – mit Geschenken, Aufmerksamkeiten und allen möglichen Hilfsdiensten. Ein Kumpel hatte mal sein Handy in einem Taxi verloren. Ich setzte Himmel und Hölle in Bewegung, um sein Handy zu finden, was mir auch gelang, aber der Kerl war erwachsen genug, es selbst zu suchen. Ich holte regelmäßig nachts Freunde von Partys ab, was für mich manchmal bedeutete, zwei Stunden durch die Gegend zu fahren. Sehr sinnvoll, wenn Geld immer zu knapp ist, Sprit für andere zu verfahren und die wenigen Stunden, die man zum Schlafen hatte, für Fahrdienste zu opfern ... erkennst du dich in solchen Situationen wieder? Wie oft stellst du die Bedürfnisse anderer über deine eigenen?

Durch die Konflikte, in die ich immer wieder geriet, und die Konsequenzen, die ich daraus ziehen musste, setzte ich mich vor ein paar Jahren intensiv mit meinem People-Pleasing-Verhalten auseinander. Wie kam es, dass ich so bedürftig war, anderen zu gefallen, und gleichzeitig so wenig in der Lage, meine persönlichen Bedürfnisse zu achten?

Und plötzlich kam es mir. Mitten in einer meiner Meditationen und Atemübungen sah ich mich als kleines Mädchen. Ein strahlender Sonnenschein. Wo war dieser Sonnenschein heute? Wo war mein Strahlen? Was war mit meinem Leuchten passiert? Und was hatte das mit meinem jetzigen People Pleasing zu tun?

In meiner Kindheit spielte Fasching eine besondere Rolle. Wochenlang probten wir die Schritte und Mimiken für die legendäre Mini-Playback-Show. Bei der allerersten Show trat ich mit meiner Freundin Eva auf. Wir waren gerade mal drei Jahre alt und haben mit unserer Performance von „De Häffelgugger – Lotto-schei" allen anderen die Show gestohlen und den ersten Platz belegt. Von da an wurde Mini-Playback-Show-Geschichte geschrieben. Wir gewannen jedes Jahr. Mal traten wir nur zu zweit auf, mal zu dritt mit einer anderen Freundin. Von Tic Tac Toe über Modern Talking bis hin zu En Vogue und The Weather Girls – wir haben alles performt. Doch sind wir ehrlich, man ist erst dann ein richtiger Mini-Playback-Showstar, wenn man vor Marijke Amado aufgetreten ist, oder? Das sind wir! Bei der Nikolausparty von Radio Regenbogen in Freiburg im Jahr 2000 waren nicht nur Stars wie ATC aus Australien eingeladen, sondern auch wir – Klein-Eva und Klein-Michelle aus Waldsee.

Zusammen mit vielen anderen Teilnehmern aus ganz Deutschland wollten wir an der Mini-Playback-Show teilnehmen und natürlich gewinnen. Ich erinnere mich noch genau, wie wir in der Umkleide standen und unsere Mamas uns halfen, in unsere Kostüme zu schlüpfen. Ausgestopfte BHs, übergroße Pullis, Turbane auf dem Kopf und Mikrofone, gebastelt aus Tennisbällen, leeren Klopapierrollen und Alufolie. Und dann war es so weit – rauf auf die große Bühne! Ehrlich gesagt war die Messehalle mit knapp 5000 Zuschauern ein klein wenig größer als die Kulturhalle in Waldsee. Aufgeregt und voller Adrenalin habe ich alles zu „It's Raining Men" gegeben. In der ersten Reihe saß unser Fanclub. Familie und Freunde, die mit uns angereist waren, sind ausgeflippt und haben uns zugejubelt. Aber nicht nur sie – die ganze Halle hat uns gefeiert. Selbst Marijke Amado sprang von ihrem Juryplatz auf, tanzte und jubelte mit. Was soll ich sagen? Wir zwei Knirpse haben die Hütte abgerissen und ja, wir haben gewonnen!

In meiner frühen Kindheit habe ich recht viel gewonnen. Bei jedem Sportfest stand ich auf dem Treppchen mit einer Medaille um den Hals. Sport machte mir Spaß, zu performen machte mir Spaß, und deshalb fiel mir beides auch ziemlich leicht. Was mir jedoch nicht so leicht fiel, war der Umgang mit der Missgunst der anderen Kinder. Wie du vielleicht aus eigener Erfahrung weißt, können Kinder manchmal ganz schön krass sein. Und glaub mir, ich war auch kein Unschuldslamm, aber eines war ich: treu. Freundschaft bedeutete damals für mich alles. Festzustellen, dass mich Freunde ausschlossen und gemeine Dinge zu mir und über mich sagten, tat weh. Es hätte mir egal sein sollen, was andere über mich dachten, war es aber nicht. Mit jedem weiteren Schuljahr und dem ständigen Gefühl, nur unter bestimmten Bedingungen gemocht zu werden, verlor ich Stück für Stück mein Strahlen. Ohne es zu merken, wurde ich immer mehr zum „People Pleaser", indem ich mein

Verhalten an mein Umfeld anpasste. Ich hatte das Gefühl, mir die Liebe und Zuneigung meiner Mitmenschen erkämpfen zu müssen. Die Schule war für mich ein ständiger Kampf.

In manchen Fächern war ich richtig gut, in anderen nicht so sehr. Das biss sich natürlich mit meinem immer stärker werdenden Wunsch, von allen gemocht zu werden, einschließlich meiner Lehrer. Aber ich tat mich einfach schwer darin, Dinge zu lernen, die mich nicht interessierten und manchmal auch keinen Sinn ergaben. Stupides Auswendiglernen fand ich furchtbar.

Meine Unsicherheit wuchs immer mehr, besonders in Bezug auf meine Klassenkameraden und Freunde. Hinzu kam der innere Druck, den ich mir selbst machte, eine gute bis sehr gute Schülerin zu sein – was ich definitiv nicht war. Seit ich auf dem Gymnasium war, hatte ich ständig mit Stirn- und Nebenhöhlenentzündungen zu kämpfen. Mein ganzes Gesicht pulsierte manchmal, wenn ich im Unterricht saß. Oft hatte ich so höllische Kopf- und Gesichtsschmerzen, dass man mich früher von der Schule abholen musste. Der anschließende Gang zum HNO-Arzt, um mir die Rotze abzusaugen, half nur bedingt.

Heute ist mir klar, dass meine Nasennebenhöhlenentzündung Ausdruck meiner Frustration und der fehlenden Klarheit in meinem Leben war. Zu meinen Nasennebenhöhlenentzündungen kam dann noch regelmäßiges Sodbrennen. Ich habe keine Ahnung, wie viele Riopangels ich in der Vergangenheit konsumierte, weil ich mich manchmal regelrecht vor Schmerzen auf dem Boden krümmte. Aber das Medikament half immer nur für kurze Zeit. Sodbrennen steht vor allem für unterdrückte Emotionen wie Wut, Ärger und Frustration sowie mangelnde Selbstakzeptanz und die Ablehnung eigener Persönlichkeitsanteile. Dein Körper weist dich darauf hin, wenn du nicht im Einklang mit deinen Bedürfnissen lebst und gewisse Dinge verdrängst und unterdrückst. Jeder hat seine sogenannten Schwach- bzw. Kommunikationsstellen im Körper. Vielleicht ist es bei dir der Darm, dein Hautbild, die Schilddrüse, Gelenkschmerzen, Schlappheit, ein Tinnitus, Migräne, Allergien oder häufige Erkältungen. Dein Körper kommuniziert mit dir so lange und immer wieder, bis du nachhaltig etwas in deinem Leben änderst. Oft höre ich von Kundinnen: „Aber ich habe den Stress in meinem Leben minimiert!"

Das glaube ich ihnen auch, aber nur weil du weniger arbeitest und mehr Wellness und Yoga machst, bedeutet das noch lange nicht, dass du deinen inneren Stress und Druck auch nur ansatzweise minimiert hast. Selbstliebe und Selbstheilung sind kein kurzer Wellnesstrip. Nur weil sich dein Alltag verändert hat, ist das kein Garant dafür, dass du beispielsweise weniger Versagensängste, weniger selbstsabotierende Gedanken oder weniger unterdrückte Emotionen hast. Je länger du Dinge in deinem Leben ignoriert hast, desto tiefer und intensiver musst du dich mit deinen Schattenseiten auseinandersetzen.

Symptome zu bekämpfen ist das eine,
aber viel wichtiger ist es, die emotionale und energetische
Ursache dahinter zu erkennen.

Warum es mir im Teenageralter nicht so gut ging, lag unter anderem auch am Verhältnis zu meiner besten Freundin. Ich merkte schon länger, dass sie sich anders verhielt. Meine beste Freundin Lena war damals alles für mich. Aber plötzlich war Lena auch sehr eng mit Patricia, eine Klassenkameradin von uns, befreundet. Die beiden machten sich plötzlich einen Spaß daraus, mich regelmäßig mit Sticheleien zu ärgern. Anstatt zu erkennen, dass mir solche Freunde nicht guttaten, machte ich genau das Gegenteil. Ich gab mir noch mehr Mühe, von Lena und Patricia gemocht zu werden. Ich wollte sie beeindrucken und weiterhin dazugehören.

In den darauffolgenden Sommerferien fragten mich Freunde, ob ich Lust hätte, bei ihren nächtlichen Treffen mitzukommen. Natürlich hatte ich Lust! Die Chance, bei etwas Coolem und Aufregendem dabei zu sein, lässt sich kaum ein Teenager entgehen. Wir waren alle um die 15 und 16 Jahre alt und trafen uns ein paarmal nachts am See – heimlich, versteht sich. Wir hingen zusammen ab, rauchten ein paar Zigaretten, schwammen im Wasser, knutschten und fummelten ein bisschen rum. Es war eine Zeit des Ausprobierens und Erfahrungensammelns. Ganz aufgeregt erzählte ich auch Lena und Patricia davon, die nie dabei waren, weil sie den Freundeskreis nicht kannten und weiter weg vom See wohnten. Viele Jahre später erfuhr ich, dass diese beiden vermeintlichen Freundinnen heimlich meine Familie kontaktiert und zu einem Treffen einberufen hatten, um brühwarm von den nächtlichen Treffen zu erzählen.

Schon klar, dass du als Eltern nicht möchtest, dass deine 16-jährige Tochter nachts allein mit dem Fahrrad zu irgendwelchen Treffen fährt. Und ja, ich verstehe immer noch den Ärger darüber, dass ich den Rum von meinem Papa teilweise mit Wasser aufgefüllt habe. Als ich dann irgendwann für mich aus dem Nichts ziemlichen Ärger von meiner Familie bekam, verstand ich die Welt nicht mehr. Woher wussten sie das? Auf mehrmaliges Nachfragen bekam ich jahrelang keine Antwort. Ich habe keine Ahnung, was Lena und Patricia bei dem Treffen alles erzählt hatten und inwieweit alle Geschichten über mich stimmten. Fakt war, ich hatte keinen blassen Schimmer, dass die Menschen, denen ich am meisten vertraute, pures Gift für mich waren.

Zuerst ignorieren sie dich, dann lachen sie über dich, dann bekämpfen sie dich, und dann gewinnst du.

Mahatma Gandhi

Auch wenn ich zu dem Zeitpunkt nicht wirklich wusste, was im Hintergrund ablief, ich fühlte mich von allen Beteiligten verraten. Lena und Patricia wurden immer gehässiger mir gegenüber und ich immer bedürftiger. Ohne zu wissen warum, wurde ich irgendwann komplett ausgegrenzt und ignoriert. Anstatt zu erkennen, dass ich solche Menschen in meinem Leben nicht brauchte, wurde ich noch mehr zum „People Pleaser„. In mir wuchs der unglaubliche Wunsch nach Liebe und Anerkennung von außen sowie eine riesige Angst, abgelehnt zu werden.

Es müssen nicht immer krasse und außergewöhnliche Dinge in unserem Leben passieren, um traumatisiert zu sein. Es können auch wiederholte Erfahrungen sein, sogenannte Mikrotraumata, die sich langfristig auf uns auswirken, bis wir sie auflösen. Meine damalige Strategie, mit meinen emotionalen Traumata umzugehen, waren unter anderem meine Essbrechsucht, kurzzeitige Schnittverletzungen am Arm, selbstsabotierende Gedanken und eine enorme Ablehnung meiner selbst. Rückblickend verstehe ich, dass dieses Erlebnis sowie weitere darauffolgende, ähnliche Erfahrungen, dazu führten, dass ich Frauen immer mehr misstraute. Das weibliche Geschlecht repräsentierte für mein Unterbewusstsein hauptsächlich Ablehnung, Unterdrückung und Verrat, während ich bei Männern immer wieder die bittere Erfahrung machte, mich nicht auf sie verlassen zu können. Was passiert, wenn wir misstrauisch und verletzt durchs Leben gehen? In meinem Fall führte es dazu, dass ich andere Menschen verletzte und enttäuschte. Wie sagt man so schön im Englischen? Hurt people hurt people. Nach den schmerzhaften Erfahrungen, die ich durch die Ausgrenzung und Ablehnung bei meinen Freundinnen machte, war ich so damit beschäftigt, meine Emotionen zu unterdrücken und meine inneren Verletzungen zu verdrängen, dass es kein Wunder ist, dass ich den Fokus auf meine schulischen Leistungen komplett verloren hatte. Ich blieb sitzen. Na großartig, das hatte mein verkorkstes Selbstbewusstsein gerade noch gebrauchen können.

Ich wechselte die Schule.

Die Klasse, in die ich kam, war die Loserklasse. Oder wie ich sie heute sehe, acht junge Menschen, die eben nicht zur Masse passten. Es war ein Pilotprojekt der Schule. Alle acht sitzengeblieben, alle von anderen Schulen ganz neu zusammengewürfelt in der 11f. Da gab es Anna und Isabelle, die ich bereits von der alten Schule kannte. Ruben, der im selben Leistungskurs Biologie sitzen geblieben war wie ich. Kabir, der Fußballer, Sinan, der Tratschonkel, Tommy der Kiffer und aus unglaublich reichem Hause, Jacob, der Autist, Luka, der Ruhige, Marc, der nur ganz kurz da war und laut Sinan sich kurze Zeit später das Leben nahm, und ich. Was für eine Klasse, was für eine Zeit. Es war ein Neuanfang für mich. Ich fand neue Freunde und schaffte ein gutes Abitur. Ich eroberte mir zu dieser Zeit noch nicht ganz mein Leuchten zurück, aber Stück für Stück konnte in dieser Lebensphase einen Teil meiner Wunden heilen.

Es scheint immer unmöglich, bis es vollbracht ist.

Nelson Mandela

Die Bühne und meine innere Rampensau holte ich mir mit der Zeit durch das Unterrichten meiner Fitnesskurse und durch das Auseinandersetzen mit meinen unsichtbaren Barrieren zurück. Heute strahle ich mehr denn je!

Wie jemand mal so schön über mich sagte:

She comes into the room and her energy catches you directly.

(Sie betritt den Raum, und ihre Energie trifft dich sofort.)

Du musst keine Rampensau sein, um erfüllt und glücklich zu sein. Du sollst einfach du selbst sein! Steh zu dir! Egal, ob du eher introvertiert und leise oder extrovertiert und laut bist. Du bist einzigartig, und egal, wem du zu viel oder zu wenig bist, das ist nicht dein Problem. Mach es auch bitte nicht zu deinem Problem, so wie ich es viel zu viele Jahre getan habe. Du leuchtest am hellsten, wenn du dein volles Potenzial lebst. Das Wundervolle daran ist, dass dein Potenzial ganz anders aussieht als meines. Habe keine Angst zu strahlen und andere mit deinem Licht zu blenden. Es gibt keinen einzigen Grund, warum du dich verstecken solltest. Wie du lernst, wieder voll und ganz du selbst zu sein, mit festen und starken Wurzeln, die dafür sorgen, dass dich kein einziger Sturm mehr umhaut, zeige ich dir im folgenden Teil. Du kannst ein erfülltes und glückliches Leben führen! Du kannst ein erfolgreiches Berufsleben zelebrieren. Du kannst dich wieder wohl in deinem Körper fühlen. Du kannst plötzlich sorgenfrei dein Leben genießen. Du kannst innige, zwischenmenschliche Beziehungen auf Augenhöhe führen. Du kannst deine Visionen Wirklichkeit werden lassen.

Du kannst es!
Bisher Unmögliches wird für dich möglich.
Das Einzige, was dabei zählt, ist deine innere Haltung!

Aber nicht, weil ich dir hier irgendein krasses Geheimnis verrate, das Rad der Persönlichkeitsentwicklung neu erfunden habe oder eine komplexe Technik entwickelt habe, die wie eine Wunderpille wirkt. Nein! Was du gleich lesen wirst, sind zum Teil Erinnerungen, schon Gehörtes und vielleicht auch einiges Neue. Das spielt aber überhaupt keine Rolle.

Also check noch mal für dich:

Wie bereit und offen bist du, dich dir und deinen Barrieren zu stellen? Wie viel Verantwortung bist du bereit, für deine Barrieren zu übernehmen? Wie stark ist dein Wille, deine Energie so zu shiften, dass sie einwandfrei für dich arbeitet? Wie bereit bist du, deine unsichtbaren Barrieren wirklich zu erkennen, anzunehmen und mit ihnen zu arbeiten? Wie bereit bist du, alles Gelesene vollkommen zu integrieren?

Wie gut bist du in der Lage, deine Arroganz vollkommen aufzulösen? Wie sehr erlaubst du dir, schon einmal Gehörtes diesmal neu zu lesen und jedes einzelne Wort auf eine andere, dich weiterbringende Art zu verstoffwechseln?

Deine Bereitschaft wird sich auszahlen!

TEIL DREI

19
Unsichtbare Barrieren

Es gibt unendlich viele unsichtbare Barrieren, die bei jedem anders sind. Doch in den letzten zwölf Jahren, in denen ich mit Menschen zusammengearbeitet und mich intensiv mit meinem eigenen Leben auseinandergesetzt habe, stellte ich fest, dass es einige Barrieren gibt, die bei uns allen gleich sind und uns immer wieder im Weg stehen. Vor allem, wenn es darum geht, grundlegend etwas in unserem Leben zu ändern, sei es, sich von alten Mustern und Verhaltensweisen zu lösen, sei es, alte Wunden heilen zu lassen oder die äußeren Umstände zu verbessern.

Ich habe diese Barrieren in acht Stufen unterteilt. Die verschiedenen Stufen sollen verdeutlichen, dass deine Barrieren eine unterschiedliche Gewichtung haben. Nicht jede unsichtbare Barriere ist vergleichbar mit einer Mauer, gegen die du läufst. Es gibt auch welche, die aktiv gegen dich und dein Vorhaben, ein besseres Leben zu führen, kämpfen. Genau aus diesem Grund funktioniert es bei vielen nicht mit dem Manifestieren. Wenn du schon länger in einem bestimmten Bereich deines Lebens etwas verändern oder verbessern möchtest und es bisher nicht funktioniert hat, liegt es nicht zwingend an der Methode selbst oder daran, dass du unfähig bist. Es liegt daran, dass du bisher noch nicht wirklich erkannt hast, was dir genau im Weg steht.

Erst wenn du weißt, was dich zurückhält,
kannst du wirklich vorwärtskommen.

Eine Methode ist nur dann wirkungsvoll, wenn sie für das richtige Thema, in unserem Fall für die passende Barriere, eingesetzt wird – und das auch zum richtigen Zeitpunkt. Für ein gut gebratenes Spiegelei brauchst du mehr als nur das Ei. Du brauchst eine Pfanne, etwas zum Erhitzen und vielleicht ein wenig Fett und einen Pfannenwender. Ein rohes Ei in einer kalten Pfanne bleibt ein rohes Ei. Es ist keine Veränderung wahrzunehmen, obwohl der Ansatz mit dem Ei und der Pfanne korrekt ist, um ein Spiegelei zu kreieren. Wirkungsvoll wird dieser Kochvorgang allerdings erst, wenn du die Pfanne erhitzt – genau so ist es mit deinen Widerständen, die sich erst dann langfristig auflösen, wenn du in der Lage bist, mit ihnen effektiv zu arbeiten.

Du hast schon alles in dir, um deine Barrieren aufzulösen und zu durchbrechen. Trotzdem kann es sein, dass deine bisherige Herangehensweise größtenteils unwirksam war. Bevor ich dir die einzelnen Barrieren vorstelle, möchte ich dich darauf hinweisen, dass du in diesem Buch einen guten und fundamentalen Einblick bekommst, was deine persönlichen Barrieren betrifft. Du wirst danach die Möglichkeit haben, deine Barrieren besser zu erkennen, mit ihnen zu arbeiten und sie ein Stück weit zu minimieren.

Empfehle ich dir trotzdem, in eines meiner Coachingprogramme zu kommen?

Ja, natürlich!

Ganz abgesehen davon, dass ich meine Arbeit liebe, habe ich dir in diesem Buch schon viele Beispiele dafür genannt, was durch das Eintreten in bestimmte Coachingräume bei mir selbst alles ins Rollen kam. Unabhängig von den Erfahrungen, die du machst, ist es einfach ein Fakt, dass du eine gewisse Betriebsblindheit für dich und deine unsichtbaren Barrieren hast – so wie ich und jeder andere Mensch auch. Aus diesem Grund rate ich jedem, sich Unterstützung beim Auseinandersetzen mit seinen Barrieren zu holen, wenn er oder sie sich langfristigen Erfolg und Fülle in bestimmten Lebensbereichen wünscht.

Ich bin mir sicher, dass du die ein oder andere unsichtbare Barriere kennst. Tu dir bitte den Gefallen und saug jedes Wort mit einer ganz neuen und offenen Haltung auf, vorausgesetzt, du wünschst dir Veränderung in deinem Leben. Mach die Dinge nicht komplizierter als sie sind, sondern erlaub dir den Glauben und die Gewissheit, dass vieles leichter geht, als du denkst!

20
Schau genau!

Es ist normal, dass es dir am Anfang schwerfällt, die Unterschiede zwischen den jeweiligen Barrieren zu erkennen. Keine Sorge, dies wird mit der Zeit und intensiver Auseinandersetzung einfacher. Genau das ist einer der Gründe, warum es vielen so schwerfällt, ihre Barrieren langfristig aufzulösen – sie erkennen die Feinheiten nicht und ihre Methoden werden dadurch unwirksam. Stell dir deine unsichtbaren Barrieren wie Hindernisse vor. Sie sind Widerstände, die dir im Weg stehen, oder innere Gegner, die dich mit aller Kraft versuchen davon abzuhalten, dein Ziel zu erreichen.

Das Gleiche ist nicht immer Dasselbe.

Confucius

Kennst du den Film „Inception" von Christopher Nolan? In diesem Science-Fiction-Film nutzt der Protagonist eine Technik, um sich selbst und andere bewusst in Träume zu versetzen und darin eine neue Realität zu erschaffen sowie neue Gedanken zu pflanzen oder zu verändern. Die Geschichte zeigt, dass es immer einen Hauptträumer gibt, der seinen Traum mit anderen teilt. Diese Personen befinden sich im Traum des Hauptträumers, werden jedoch ständig vom Unterbewusstsein (in Form von Menschen) beobachtet und oft angegriffen. Fremde werden als Bedrohung wahrgenommen und schnellstmöglich eliminiert.

Okay ... Meine Filmzusammenfassung ist nicht perfekt. Aber schau dir den Film an, wenn du ein metaphorisches Bild dafür haben möchtest, was in deinem Inneren passiert, wenn du anfängst, neue Gedanken und Visionen zu integrieren. So fällt es dir vielleicht zukünftig leichter zu verstehen, wann deine unsichtbaren Barrieren auftauchen und welche große Arbeit sie leisten, um alles Neue schnellstmöglich zu eliminieren.

Empfehlung:

Ich lade dich ein, die folgenden acht Stufen deiner unsichtbaren Hauptbarrieren in der Reihenfolge zu lesen und durchzuarbeiten, wie sie hier im Buch beschrieben sind. Nimm dir direkt nach jedem Kapitel die Zeit, die dazugehörigen Übungen zu machen. Sie sind darauf ausgelegt, dich beim Auflösen der jeweiligen Barriere zu unterstützen. Nachdem du das Buch komplett gelesen, alle Stufen durchlaufen und die schriftlichen Übungen sowie Meditationen ausprobiert hast, reflektiere: Welche Barrieren fühlen sich für dich aktuell noch besonders präsent oder dominant an? Arbeite diese gezielt nach und wiederhole bei Bedarf bestimmte Übungen sowie Meditationen.

Hinweis:

Zu den jeweiligen Übungen der acht unsichtbaren Hauptbarrieren findest du einen QR-Code. Scanne diesen oder nutze den angegebenen Link, um direkt zu den passenden Meditationen inklusive Atemübungen zu gelangen.

21
Stufe 1: Glaubenssätze

Die erste Stufe deiner acht unsichtbaren Hauptbarrieren sind deine Glaubenssätze. Diese Barriere ist am einfachsten aufzulösen oder vielmehr zu verändern. Ein Glaubenssatz ist, wie der Name schon sagt, ein Satz, den du glaubst. Glaubenssätze können sowohl positiv als auch negativ sein und entstehen vor allem durch die Häufigkeit einzelner Gedanken. Je öfter du etwas denkst oder sagst, desto mehr verfestigt sich dein Glaubenssatz.

Ich bin mir sicher, du hast schon von Glaubenssätzen gehört und vielleicht sogar schon mit ihnen gearbeitet. Falls du gerade zum ersten Mal davon liest, bin ich überzeugt, dass du sofort verstehst, was ein Glaubenssatz ist.

Glaubenssätze und ihre Entstehung sind leicht nachzuvollziehen. Wenn du deinen Fokus immer wieder auf ein bestimmtes Thema richtest, beginnt sich dein Glaubenssatz zu formen. Mit der Zeit verstärkt oder verändert er sich durch die kontinuierliche Aufmerksamkeit.

Glaubenssätze sind großartig, und wenn du erst einmal verstanden hast, wie du aufgrund deiner Glaubenssätze tickst, macht es auch viel Spaß, mit ihnen zu arbeiten. Du kannst jeden Tag neue Glaubenssätze formulieren. Wenn du dich nach einem wohligen, glücklichen Leben in allen Bereichen sehnst, empfehle ich dir, vor allem positive Glaubenssätze zu formulieren. Und nein, etwas in deinem Leben verändern zu wollen und nach mehr zu streben, hat nichts mit Gier oder Undankbarkeit zu tun.

Als ich mal mit Freunden zu einem wunderbaren Ausflug unterwegs war, sagte eine aus unserer Gruppe: „Wie schön wäre es, wenn jetzt noch die Sonne schiene!"

Eine andere Freundin entgegnete daraufhin nur: „Also, ich bin jetzt schon zufrieden, für mich muss die Sonne nicht scheinen!"

Manche Menschen glauben, dass ein geäußerter Wunsch und die Frage nach mehr automatisch Mangel und Gier implizieren. Das ist ein absoluter Irrglaube. Die wahre Kunst im Manifestieren und im Unmöglichen möglich machen liegt darin, in alltäglicher Fülle zu leben und alle Schönheiten und Selbstverständlichkeiten in deinem Leben zu sehen und wertzuschätzen.

Also ja, du kannst voller Freude sein, weil du dich auf einen großartigen Ausflugstag mit deinen Freundinnen freust und gleichzeitig aber auch nach Sonne fragen. So wie du bei einem Restaurantbesuch das Hauptgericht genießt und trotzdem noch ein Dessert schlemmst. Hinter den beiden geschilderten Aussagen meiner Freundinnen stecken in Wahrheit Glaubenssätze. Die eine Freundin trägt den positiven Glaubenssatz in sich, dass es immer noch besser gehen kann, und ist offen dafür, jedes Geschenk des Lebens zu empfangen. Die andere Freundin trägt den Glaubenssatz in sich, nicht nach mehr fragen zu dürfen.

So was tut ja ein guter Mensch nicht. Deswegen möchte sie sich selbst beweisen, dass sie ja schon zufrieden ist mit dem, was sie hat, und versucht, den Wunsch der anderen Freundin abzuwerten.

Noch mal, auch wenn man dir das vielleicht jahrelang beigebracht hat: Keine Wünsche und Bedürfnisse zu haben, besser gesagt, sie zu ignorieren, macht dich nicht zu einem guten Menschen, sondern langfristig zu einem ziemlich verbitterten Menschen. Das regelmäßige Unterdrücken deiner wirklichen Bedürfnisse plus die Anstrengung, jemand zu sein, der du gar nicht bist, können dich nur unglücklich machen. Also fang an, dir zu erlauben, mehr zu wollen und gleichzeitig jeden einzelnen Moment deines Lebens zu genießen.

Das Streben nach Fülle bedeutet, die Fülle im Hier und Jetzt zu erkennen und sie gleichzeitig auf allen Ebenen noch mehr einzuladen.

Der erste Schritt: Mach dir deine Glaubenssätze bewusst.

In dir stecken Gedanken, die dir nicht dienlich sind und dafür sorgen, dass du immer wieder in ähnliche missliche Situationen gerätst und auf der Stelle trittst. Um das zukünftig zu ändern, darfst du verstehen, dass es offensichtliche negative Glaubenssätze und versteckte negative Glaubenssätze gibt.

Hier ein paar Beispiele:

Offensichtliche negative Glaubenssätze und ihre Bedeutung:

„Ich bin nicht gut genug.“
(Selbsthass, Sabotage, eigene Abwertung)

„Ich werde nie Erfolg haben.“
(Selbstzweifel, Unsicherheit, mangelndes Vertrauen in sich und die eigenen Fähigkeiten)

„Keiner mag mich.“
(Ablehnung, verschobene Machtverhältnisse, Sehnsucht nach Anerkennung im Außen)

„Ich werde das nie schaffen.“
(Kapitulation, mangelndes Vertrauen in sich und die eigenen Fähigkeiten, Selbstzweifel)

„Ich bin zu alt/jung, um meine Träume zu verwirklichen.“
(Selbstablehnung, Verantwortung abgeben, mangelndes Vertrauen in sich und die eigenen Fähigkeiten)

Versteckte negative Glaubenssätze und ihre Bedeutung:

„Ich will niemandem zur Last fallen.“
(Angst davor, Schwäche zu zeigen, innere Unsicherheit, Misstrauen)

„Nur wer hart arbeitet, wird am Ende des Tages belohnt.“
(Opferhaltung, Selbstsabotage, innerer Kampf)

„Geld ist die Wurzel allen Übels.“
(Ablehnung der eigenen Bedürfnisse, innerer Kampf, Schuldzuweisung)

„Man muss immer alles selbst machen.“
(Kontrollzwang, Misstrauen, Opferhaltung)

„Die haben es gut.“
(Neid, Opferhaltung, unerfüllte Sehnsüchte)

Das sind nur ein paar Beispiele, die dir eine Idee davon geben sollen, wie negative Glaubenssätze klingen können und was energetisch dahintersteckt. Manche Glaubenssätze sind offensichtlich und leicht zu erkennen, andere wiederum sind subtiler. Deine Aufgabe ist es, bei dir selbst zu erkennen, in welchen deiner Worte und deinen alltäglichen Gedanken negative, dir im Weg stehende Glaubenssätze verankert sind. Wie du selbst siehst, unterscheiden sich manche Aussagen in den Beispielen kaum, sie ähneln sich und haben trotzdem eine andere energetische Bedeutung.

Tomaten sind Obst.
Das macht Ketchup aber nicht zu Marmelade.

Blätterteig, Mürbeteig, Biskuitteig, Rührteig und Pizzateig sind alles Teige mit sehr ähnlichen Komponenten, und trotzdem gibt es feine Unterschiede in ihrer Struktur und ihrem Geschmack. So ist es auch mit deinen Glaubenssätzen: Sie ähneln sich, weisen aber feine energetische Unterschiede auf. Wir Menschen sind komplex, und so sind es auch unsere Gedanken und Muster.

Möchtest du deine Gedanken und die dazugehörigen Emotionen wirkungsvoll verändern, musst du feinfühlig werden, dein Bewusstsein schärfen und unglaublich achtsam gegenüber dir und deinem Verhalten sein.

Deine negativen Glaubenssätze sind die erste Stufe deiner unsichtbaren Barrieren – es ist die einfachste Stufe, aber deswegen nicht weniger wichtig. Nachdem du dir also einen oder mehrere deiner negativen Glaubenssätze bewusst gemacht hast, kannst du sie ganz einfach in positive Glaubenssätze umformulieren.

Beispiel:

„Ich bin nicht gut genug." —
„Ich bin einzigartig und wertvoll".

„Ich bin zu alt/jung, um meine Träume zu verwirklichen" —
„Ich kann alles erreichen, was ich möchte."

„Ich werde nie Erfolg haben." —
„Es ist für mich normal, erfolgreich zu sein."

„Man muss immer alles selbst machen." —
„Ich habe ein mich unterstützendes Umfeld, auf das ich mich verlassen kann."

„Ich will niemandem zur Last fallen oder um Hilfe bitten." —
„Hilfe anzunehmen fällt mir leicht und bringt mich schneller an mein Ziel."

„Die haben es gut." —
„Mir geht es gut, ich habe es gut, mein Leben ist gut."

Das Umformulieren oder Neuformulieren eines negativen Glaubenssatzes in einen positiven Glaubenssatz ist selten das Problem. Die Herausforderung besteht darin, diesen neuen Satz auch wirklich zu glauben und vor allem zu fühlen. Es geht darum, dass deine Schwingungsfrequenz kongruent mit dem neuen Glaubenssatz ist. Und hier scheitern die meisten. Denn wie viele von uns, mich eingeschlossen, haben schon zig positive Affirmationen und neu formulierte Glaubenssätze tagein tagaus gedacht und nachgeplappert, und es hat sich nichts in ihrem Leben verändert – weder die Gefühlslage noch die äußere Realität. Das liegt unter anderem an deinem Engagement, deiner Disziplin, deiner Ausdauer und daran, dass es vielleicht gar kein Glaubenssatz ist, der dir im Weg steht, sondern etwas anderes (siehe Stufe zwei bis acht).

Als ehemalige Groupfitnesstrainerin habe ich mehr als genug Teilnehmerinnen gesehen, die nach dem Kurs durchgeschwitzt und energiegeladen aus dem Raum spazierten. Es waren genau diese Teilnehmerinnen, die nach wenigen Wochen und Monaten Erfolge hatten. Sie waren beispielsweise stärker, schmaler, fitter, fühlten sich frischer. Ihre ganze Ausstrahlung hatte sich verändert. Dann gab es wiederum Teilnehmerinnen, die keine Veränderung zeigten, weder während des Kurses noch danach. Sie machten zwar die Bewegungen mit, aber mit einem Engagement und Energielevel von maximal 5 %. Das Resultat: Frust und Enttäuschung, weil sie keine Veränderung wahrnehmen konnten. Daraufhin folgte oftmals die Abmeldung vom Fitnessstudio. Hat nichts gebracht. Stimmt, denn so wie du eine Sache machst, machst du alles!

Veränderung ist simpel, aber nicht einfach!

Um dir deine negativen Glaubenssätze bewusst zu machen und sie langfristig aufzulösen, bedarf es definitiv mehr als nur ein paar neuer Formulierungen. Zuerst musst du prüfen, wie viel Energie hinter deinem Vorhaben steckt. Bist du bereit, zu schwitzen? Oder bist du nur halbherzig bei der Sache?

Gehen wir davon aus, dass du zur engagierten und sehr bemühten Fraktion gehörst, was das Auflösen negativer Glaubenssätze betrifft. Warum hat es bisher trotzdem nicht funktioniert, die neuen positiven Glaubenssätze erfolgreich zu integrieren und positive Veränderungen innerlich wie äußerlich wahrzunehmen? Ganz einfach ...

Du hast bisher nicht über den Tellerrand geschaut und bist nie weiter als bis Stufe 1 gegangen. Manchmal steckt hinter deinem Glaubenssatz eine erlebte Erfahrung, manchmal ein abgelehnter Persönlichkeitsanteil oder eine Überzeugung. Selten ist ein Glaubenssatz nur ein Glaubenssatz. Zu 95 % basiert er auf etwas. Und dieses Etwas liegt in den Stufen 2–8 verborgen und macht dir oft genug dein Leben schwer, wenn du dabei bist, deine Visionen Wirklichkeit werden zu lassen.

Lösungsansätze und Übungen für Stufe 1

1. Notiere dir je zwei aktuelle negative Glaubenssätze zu den folgenden Themen:

- Körper
- Geld
- Erfolg
- Berufsleben
- Familie
- Liebesleben
- Sonstiges

2. Schreibe diese Glaubenssätze untereinander auf.
Gehe gedanklich alle aufgeschriebenen Glaubenssätze durch und prüfe, wie schwer oder leicht es dir fällt, sie positiv umzuformulieren.

Für jeden Glaubenssatz, bei dem es dir leichtfällt, ihn positiv umzuformulieren, schreibe die positive Version auf. Achte darauf, dass sich diese neuen Glaubenssätze gut und wahr anfühlen.

3. Überlege dir, wo du diese positiven Glaubenssätze überall sichtbar anbringen kannst, um täglich daran erinnert zu werden.
(Spiegelschrank, Dusche, Kühlschrank, Handy, Schreibtisch, Geldbeutel ...)

Achte darauf, dass du deine neuen Glaubenssätze mindestens drei Monate lang präsent hältst, um sie vollständig zu verkörpern. Nimm dir täglich Zeit, um diese positiven Glaubenssätze bewusst wahrzunehmen und in deine Gedankenwelt zu integrieren.

4. Atem- und Meditationsübung

Scanne den QR-Code oder gib den angegebenen Link in den Browser ein, um Zugang zu den Meditationen inklusive Atemübungen zu erhalten.

www.michellebanguio.com/nolimitsaudiomeditation

22
Stufe 2: Überzeugungen

Deine Überzeugungen sind deine Wahrheiten – kein Blatt Papier passt zwischen dich und deine Wahrheiten. Deine Glaubenssätze kannst du gut vom Negativen zum Positiven umformulieren. Zwischen dir und deinem Glauben ist Platz für Fragen, Unsicherheit und Zweifel sowie für Veränderung. Bei deinen Überzeugungen hingegen ist kaum bis kein Platz für Zweifel oder Unsicherheiten. Es ist deine Wahrheit, was bedeutet, dass dich nichts und niemand vom Gegenteil überzeugen oder für eine andere Sichtweise öffnen kann – außer du selbst.

Du darfst dir zuerst bewusst machen, was derzeit noch deine Wahrheit ist und wie sehr sie dir beim Verwirklichen deiner Visionen im Weg steht. Wenn meine Überzeugung ist, dass meine Nase krumm ist, dann kann ich noch so oft denken, aufschreiben und als positive Affirmation nachsprechen: „Ich habe eine gerade Nase." Es bringt nichts, außer dass mein innerer Widerstand jedes Mal größer wird. Denn jede Wiederholung dieser Affirmation klingt für mein System wie eine Lüge. Ich glaube nämlich nicht nur, dass ich eine krumme Nase habe – das wäre ein Glaubenssatz. Ich bin überzeugt davon, dass meine Nase krumm ist.

Das Schlimmste, was du tun kannst, ist,
dich selbst zu belügen!

Schon mal erlebt? Die ersten Kilos purzeln, Erfolge bei der Arbeit, unerwartete Rückzahlungen, ein versöhnliches Gespräch mit Freunden? Aber plötzlich knallt es dir wieder um die Ohren. Du stehst vor denselben Problemen. Manchmal ist es sogar noch schlimmer als davor.

Der sogenannte Jo-Jo-Effekt – ein Muster, das zu keinem langfristigen oder stabilen Ergebnis führt. Es verursacht ständig Frustration, Angst und Unzufriedenheit, da das gewünschte Ziel immer außer Reichweite scheint. Ich hatte den Jo-Jo-Effekt gefühlt in fast jedem Lebensbereich.

Hier die fünf wichtigsten Punkte, die ich in den letzten Jahren gelernt habe und seither befolge, um einen zukünftigen Jo-Jo-Effekt zu vermeiden:

1. Es reicht nicht, einfach nur positiv zu denken, denn hinter fast jedem negativen Glaubenssatz steckt ein weitaus größerer innerer Widerstand.

2. Ich darf von anderen lernen, von deren Erfahrungen profitieren und dadurch gewisse Abkürzungen genießen. Trotzdem muss ich meinen eigenen Weg gehen und eigene Fehler und Erfahrungen machen, aus denen dann meine Weisheiten und Erfolge entstehen.

3. Nur weil ich gleichzeitig neue Samen in verschiedenen Lebensbereichen pflanze, bedeutet es nicht, dass sie auch alle zeitgleich wachsen und gedeihen. Manches braucht eben länger.

4. Solange ich ablehne, wer ich war und derzeit bin, kann kein neues Fundament gelegt werden. Meine neue Identität kann nur aus meiner alten hervorgehen.

5. Wahre Selbstliebe und Selbstannahme sind unglaubliche Beschleuniger für unsere Transformationsprozesse.

Ich möchte dich dazu einladen, dir diese fünf Punkte selbst zu Herzen zu nehmen.

Die wirkliche Herausforderung bei deinen Überzeugungen liegt nicht darin, sie umzupolen, sondern sie dir überhaupt erst mal bewusst zu machen. Selbstverständlichkeiten, die du noch nie infrage gestellt hast, zu überprüfen. So wie ich noch nie meine Nasenkrümmung infrage gestellt habe.

So wie du davon überzeugt bist, dass du im Kühlschrank Lebensmittel kühlst und im Backofen Lebensmittel erwärmst. So festgefahren können manche Überzeugungen zu den Themen Körper, Gesundheit, Krankheit, Geld, Alter, Arbeit, Sexualität, Partnerschaften, Erfolg usw. sein.

Deine Aufgabe ist es jetzt, diese unsichtbaren Überzeugungen sichtbar zu machen. Fang direkt heute damit an! Du wirst merken, allein schon, wenn du dir eine Überzeugung bewusst machst, verliert sie direkt an Kraft. Stufe zwei deiner Hauptbarrieren schrumpft von zehn Meter auf fünf. Um die restlichen fünf Meter auch zum Einstürzen zu bringen, darfst du neue Überzeugungen formulieren, am besten schriftlich und tagtäglich.

Allerdings ist die Neuformulierung für deine Überzeugungen sanfter und weicher als bei deinen Glaubenssätzen. Bei deinen Glaubenssätzen formulierst du neue Aussagen und das ist für diese Stufe auch wirksam.

Bei deinen Überzeugungen klingt jede neu formulierte Aussage zunächst wie eine Lüge und lässt deine Barriere nur stärker und größer werden. Deswegen sollte deine Formulierung für Stufe zwei eher eine Einladung, eine Art Vorschlag sein.

Hier sind ein paar Beispielformulierungen, die du sehr gerne für dich und deine Überzeugungen verwenden darfst:

„Wie schön wäre es, wenn ..."

„Es wäre großartig, wenn ..."

„Es wäre eine tolle Erfahrung, wenn ..."

„Ich stelle mir vor, wie schön es wäre, wenn ..."

„Wie geil wäre es, wenn ..."

„Es wäre eine Freude, wenn ..."

„Was für eine wunderbare Gelegenheit wäre es, wenn..."

Das sind nur ein paar aneinander gereihte Worte und ein paar wenige Sätze, und trotzdem haben genau diese Worte die Kraft, dein Leben zu verändern. Worte schaffen Bewusstsein, Worte können deine Sichtweise, deine Interpretationen und deine Realität verändern. Durch die formulierte Einladung gibst du deiner Energie die Möglichkeit, dir das Gewünschte im Außen zu kreieren.

Je mehr du den Fokus darauf legst, was für eine Freude es wäre, wenn ... desto mehr erhöht sich deine Schwingungsfrequenz und das Gesetz der Anziehungskraft kann dir die schönsten Dienste erweisen.

Und wenn du anfängst, nach einer gewissen Zeit neue Erfahrungen zu machen, und ein „Es wäre eine tolle Erfahrung, wenn ich von meinem Business leben könnte" plötzlich Realität wird, weil du den ersten Monat so viel Gewinn mit deiner Selbstständigkeit generiert hast, dass du davon deine Miete zahlen kannst, dann kann aus einer positiven Einladung ein positiver Glaubenssatz werden. Plötzlich fühlen sich dann positive Glaubenssätze nicht mehr wie eine Lüge an, da dein System mittlerweile einen oder mehrere Beweise gesammelt hat, dass das tatsächlich deine neue Wahrheit ist. Und so kann aus einer negativen Überzeugung eine positive werden.

Lösungsansätze und Übungen für Stufe 2

1. Reflektiere die neuen, positiven Glaubenssätze, die du bei den Übungen aus Stufe 1 deiner unsichtbaren Hauptbarrieren formuliert hast. Gab es dabei Widerstände in dir? Falls ja, notiere, welche Gedanken oder Gefühle aufkamen und warum du Widerstand gespürt hast. Diese Widerstände sind wahrscheinlich ein Indiz dafür, dass es sich um eine Überzeugung oder eine noch höhere Stufe deiner unsichtbaren Hauptbarrieren handelt.

2. Schreibe in kurzen Sätzen deine aktuellen negativen Wahrheiten bzw. Überzeugungen zu den folgenden Lebensbereichen auf:

- Körper
- Geld
- Erfolg
- Arbeit
- Familie
- Fähigkeiten
- Sexualität

3. Gehe deine Aussagen durch und markiere diejenigen, die du gern anders hättest.

4. Formuliere jetzt zu jeder von dir markierten negativen Überzeugung eine positive Einladung. Beispiele:

"Ich stelle mir vor, wie schön es wäre, wenn..."

"Was für eine tolle Gelegenheit, wenn..."

"Wie herrlich wäre es, wenn..."

"Es wäre großartig, wenn..."

Schreibe diese positiven Einladungen auf und visualisiere sie regelmäßig, um deine negativen Überzeugungen aufzuweichen und dadurch dein Leben positiv zu verändern.

5. Atem- und Meditationsübung

Scanne den QR-Code oder gib den angegebenen Link in den Browser ein, um Zugang zu den Meditationen inklusive Atemübungen zu erhalten.

www.michellebanguio.com/nolimitsaudiomeditation

23
Stufe 3: Vergangenheit

Deine Vergangenheit kann eine sehr hartnäckige Barriere sein und dich, obwohl alles vergangen ist, immer wieder einholen und in deinem gegenwärtigen Leben lähmen. Gleichzeitig kannst du sie als Ausgangspunkt nutzen, um alte Muster und Verhaltensweisen zu erkennen, die du verändern möchtest. Der Blick in deine Vergangenheit ist eine Möglichkeit, dich selbst zu reflektieren und aus der alten Identität eine neue zu kreieren. Du hast die Chance, bisher Erlebtes in wertvolle Erkenntnisse und Weisheiten umzuwandeln. Damit das möglich ist, darfst du deine negativen Vergangenheitsaspekte minimieren, bestenfalls ganz auflösen.

Die Vergangenheit sollte ein Sprungbrett,
nicht ein Sofa sein.

Harold Macmillan

Du bist emotional an Ereignisse aus deiner Vergangenheit gebunden. Das können unangenehme Situationen, unverarbeitete Traumata oder psychische und physische Verletzungen sein. Unser menschliches Gehirn kann nicht zwischen realen, visualisierten, gegenwärtigen und erinnerten Erfahrungen unterscheiden. Deswegen sind deine Gedanken und die dazugehörigen Emotionen so ausschlaggebend, wenn du dir etwas manifestieren möchtest. Hängst du gedanklich eher in der Vergangenheit fest, wirst du unweigerlich immer wieder ähnliche Situationen in dein Leben ziehen –

Situationen, die dir das gleiche Gefühl geben wie die bisherigen. Der Mensch ist süchtig nach Emotionen. Erinnerte Emotionen geben uns folglich Sicherheit, egal, ob sie negativ oder positiv sind. Hast du also in der Vergangenheit negative Erfahrungen gesammelt, ist es sehr wahrscheinlich, dass du immer wieder die damit verbundenen Gefühle fühlst. Dein System wird automatisch darauf konditioniert, dass diese Emotionen sicher für dich sind. Noch mal, dein Gehirn kann nicht unterscheiden, ob du dich gedanklich gerade Gegenwärtigem oder Vergangenem zuwendest.

Allein die Regelmäßigkeit deiner Gedanken sorgt dafür, dass dein System abspeichert, dies sei ein guter und sicherer Zustand. Es befriedigt dein System, regelmäßig in diesen Gedanken und den dazu passenden Gefühlen zu verharren. Dein Gehirn kann süchtig nach der Wiederholung von negativ erinnerten Emotionen werden, da diese bestimmte Belohnungszentren aktivieren.

Negative Emotionen wie Angst, Wut oder Trauer können beispielsweise das Stresssystem des Gehirns aktivieren und kurzfristig eine gewisse Form der Erleichterung oder Bestätigung bieten. Die Wiederholung deiner negativen Emotionen kann langfristig zu einer Art Suchtverhalten führen, bei dem das Gehirn regelmäßig nach dem emotionalen „Kick" sucht, den diese negativen Erfahrungen bieten. So bist du mit deinem System in einer Art Teufelskreis gefangen, in dem sich die negativen Emotionen verstärken und das Verlangen nach ihrer Wiederholung steigt.

Negative und erinnerte Emotionen bieten nicht unbedingt eine direkte Befriedigung oder Trost, sondern stellen eher eine Art Gewohnheitsmuster in deinem Gehirn dar, das nach Bekanntem und Vertrautem strebt. Das langfristige Resultat ist, dass du dich über deine Vergangenheit definierst. Vergangene Geschehnisse formen deine Identität. Aus diesem Grund bleiben viele Menschen ihr Leben lang Opfer, weil sie in der Schule gemobbt, in einer Partnerschaft betrogen oder in ihrem Job gekündigt wurden. Ohne es wahrzunehmen, läufst du Tag für Tag in deinem Leben herum und fühlst dich ausgeliefert und hilflos. Du bist nicht in der Lage, für dich einzustehen, Grenzen zu ziehen und Verantwortung für dich zu übernehmen.

Oder wenn du beispielsweise in deiner frühen Kindheit einen großen Verlust erlebt hast und seither dein Muster Verdrängung ist. Alles, was du nicht weißt und siehst, ist keine wirkliche Realität – so bleibt Platz für Hoffnung, ein einfacher Schutzmechanismus. Gleichzeitig gerätst du aber immer wieder in Situationen, in denen du mit Verlustangst konfrontiert wirst. Deine Vergangenheit kann auf viele verschiedene Arten dein Leben prägen. Wenn du genau hinschaust, wirst du erkennen, wie und wo sich deine vergangenen Erlebnisse auf dich auswirken.

Selbstverständlich kannst du auch von deiner Vergangenheit geprägt sein, indem du dich als Täter fühlst und dich deine Schuld- und Schamgefühle innerlich auffressen. Ein schlechtes Gewissen, weil du mal in einer Partnerschaft betrogen hast, drogenabhängig warst oder dein Business an die Wand gefahren hast und Insolvenz anmelden musstest. Alle Gefühle und Gedanken, egal, aus welcher Erfahrung sie auch kommen, wirken sich zu 95 % unbewusst auf dich aus. Jede Handlung, jede Entscheidung, jedes Reagieren ist geprägt von deinen Vergangenheitswunden.

Wir können nicht zu dem gelangen, was wirklich heil ist,
wenn wir die Dinge nicht anschauen
die uns verwunden.

Brene Brown

Du musst nicht in einem Job oder einer Beziehung bleiben, die dich unglücklich machen, nur weil du glaubst, du hättest keine andere Wahl. Du hast immer eine Wahl, und die Frage, die du dir stellen darfst, ist: Was willst du wirklich? Was ist deine Priorität? Meine absolute Priorität ist es zum Beispiel, glücklich und erfüllt zu sein – auf allen Ebenen. Das war aber nicht immer so! Eine ganze Zeit lang war meine Priorität, anderen zu gefallen und für meine Tätigkeiten Ansehen und Anerkennung zu bekommen. Mein System hatte aus vergangenen Situationen abgespeichert, dass es wichtig ist, von anderen gemocht zu werden.

Ganz nach dem Motto: Nur wenn wir uns anpassen und die Bedürfnisse anderer erfüllen, bekommen wir Liebe und Wertschätzung zurück.

Ein superanstrengendes Leben, aber ich bin mir sicher, du kennst dieses Gefühl und den sorgenvollen Gedanken: „Was denken die anderen?" Tabuthemen und das sogenannte „Darüber spricht man nicht" entstehen, weil Menschen voller Schuld und Scham sind. Die Vergangenheit haftet an der Gesellschaft wie ein Kaugummi, das sich in den Haaren verfangen hat.

In einzelnen Kulturen und Ländern ist die Energie der Masse häufig gut lesbar. Die deutsche Gesellschaft ist beispielsweise bis oben hin voll mit Schuld und Scham. Auf dem Rücken der neuen Generationen liegt die Last der Vergangenheit. Deswegen ist diese Gesellschaft so ambitioniert, alles richtig

181

machen zu wollen, ein guter Mensch zu sein. Die gefährliche Solidaritätskrankheit mit höchster Ansteckungsgefahr.

Das Gleiche gilt auch für Familien in Bezug auf prägende Erlebnisse und deren Übertragung über Generationen hinweg. Forschungen haben gezeigt, dass Epigenetik dabei eine große Rolle spielen kann. Ein Mechanismus, durch den traumatische Erfahrungen weitergegeben werden, wie die Übertragung von Emotionen, Verhaltensweisen und Überzeugungen durch Familiensysteme.

Kennst du den Satz von Jim Rohn, Motivationstrainer und Autor?

„You are the average of the five people you spend the most time with."

(„Du bist eine Mischung aus den fünf Personen, mit denen du die meiste Zeit verbringst.")

Der Kerngedanke hierbei ist, dass deine soziale Umgebung einen großen Einfluss darauf hat, wer du bist und wer du sein wirst. Wenn du also für dich beschließt, etwas in deinem Leben verändern zu wollen, dann darfst du auch hinsichtlich deines Umfelds deinen Horizont erweitern. Das bedeutet beispielsweise, Grenzen zu ziehen oder neue Menschen in dein Leben zu lassen, die dich inspirieren und ebenfalls große Visionen haben, so wie du.

Ebenso ist es wichtig, dich von vergangenen Situationen mit anderen Personen zu lösen. Solange du dir selbst oder jemand anderem nicht verzeihst, hältst du an einer unsichtbaren Beziehung zu dem Geschehenen oder der Person fest. Wenn du Visionen hast, die du noch in diesem Leben verwirklichen willst, wird es Zeit, deine Vergangenheit loszulassen.

Was gehört noch zur Stufe 3 deiner unsichtbaren Hauptbarrieren?

Dein inneres Kind! Das innere Kind repräsentiert metaphorisch die emotionalen Erinnerungen, Bedürfnisse und Verletzungen, die du in deiner Kindheit erfahren hast. Wie du mittlerweile weißt, saugt unser Unterbewusstsein vor allem in unserer frühen Kindheit alle Informationen, Geschehnisse und Erfahrungen wie ein Schwamm auf und speichert diese als Wahrheit ab. Alles, was in deiner Kindheit liegt, gehört zu deiner Vergangenheit.

Es wird in deiner Kindheit genügend Momente gegeben haben, in denen du etwas anders bekommen hast, als du es dir vielleicht gewünscht hast. Schimpfe statt Zuneigung, Bestrafung statt Liebe, zu viel Verantwortung statt Sicherheit, emotionale Erpressung statt Geborgenheit, Ausgrenzung statt Zugehörigkeit, Unterdrückung der Gefühle, anstatt die Fähigkeit zu entwickeln, mit deinen Gefühlen umzugehen, Ignoranz statt Kommunikation usw.

Die metaphorische Darstellung des inneren Kindes kann für deine persönliche Weiterentwicklung sehr hilfreich sein, vorausgesetzt, du bist bereit, dieses innere Kind loszulassen. Wie oft habe ich schon erlebt, dass sich Menschen an ihrem verletzten inneren Kind festklammern. Immer und immer wieder die alten Geschichten hochholen, was ihnen alles Schlimmes passiert ist, wie es doch hätte sein müssen und wie sehr sie immer noch darunter leiden. Ich verstehe diesen Schmerz. Wirklich. Aber egal, ob du physische oder psychische Misshandlungen erlebt hast, löse dich von dieser Barriere. Deinem verletzten inneren Kind ist nicht damit geholfen, wenn du es ständig bemitleidest und darin bestärkst, was ihr doch alles erleben musstet.

Dein inneres Kind braucht Führung, ein verantwortungsbewusstes Verhalten, jemanden, der in die Zukunft blickt und auf schöpferische Weise bestimmt, welchen Weg du jetzt einschlägst. Hör auf, immer noch mehr Gründe zu suchen, warum es in gewissen Lebensbereichen nicht so funktioniert wie gewünscht. Wenn du dich dafür entscheidest, dass deine Vergangenheit keinen Einfluss mehr auf dich hat, dann hat sie auch keinen Einfluss mehr auf dich. Wenn du die Entscheidung triffst, dass es ab sofort für dich egal ist, was über Generationen in deiner Familie für Traumata und Muster weitergegeben wurden, dann ist es auch egal. Du bestimmst selbst, was sich wie sehr auf dich, deine Visionen und dein Leben auswirkt. Wie lange willst du anderen die Schuld in die Schuhe schieben, egal, ob unbewusst oder bewusst? Wie lange willst du anderen Macht über dich und dein Wohlbefinden geben?

Deine Vergangenheit kann sich sehr positiv auf deine Zukunft auswirken, dafür braucht es aber deinen Willen und deine Entscheidung. Nimm deine Vergangenheit als Motor, als Lehre, als Erfahrung und lass daraus Erkenntnisse, Weisheiten, Stärke und neuen Lebensmut entstehen! Geh in deinem Leben voran und bleib nicht stecken.

Nur wenn du deinen Blick nach vorne richtest,
kannst du auch vorne ankommen!

Wenn du dich in ein Auto setzt und ein Ziel hast, wo schaust du hin? Würdest du während der Fahrt ununterbrochen in den Rückspiegel starren, ist die Wahrscheinlichkeit ziemlich hoch, dass du einen Unfall baust und gegen eine Wand fährst. Das ist deine unsichtbare Barriere.

Wo lebst du noch in der Vergangenheit? Welche alten Geschichten erzählst du dir? Es wird Zeit, dass du neue Geschichten schreibst! Erweitere und erneuere deinen Wortschatz, motze weniger, habe weniger Angst, freu dich mehr. Fokussiere dich auf das, was du hast und haben willst, anstatt auf das, was war. Erlaube dir endlich ein neues Leben – leichter, fluffiger und erfüllter!

Die nachfolgenden Übungen helfen dir, dich bewusst mit deiner Vergangenheit auseinanderzusetzen und verborgene Emotionen sowie ungelöste Konflikte zu erkennen. Allein das Erkennen und das bewusste Reflektieren über diese Themen kann bereits eine erleichternde Wirkung haben und den ersten Schritt zu Verarbeitung und Loslassen einleiten.

Wenn du das Gefühl hast, dass es noch mehr zum Auflösen gibt oder tiefere Blockaden bestehen, lade ich dich herzlich ein, an einem meiner Coachingprogramme teilzunehmen. Dort können wir intensiver auf deine persönlichen Themen eingehen und ich kann dir helfen, nachhaltig und tiefgreifend an deiner persönlichen Entwicklung sowie an der Auflösung verschiedener Themen zu arbeiten.

Lösungsansätze und Übungen für Stufe 3

1. Beantworte die folgenden Fragen schriftlich und so ausführlich wie möglich.

- Gibt es bei dir noch etwas aus der Vergangenheit, das du bereust?
- Welche vergangenen Situationen versuchst du zu verdrängen, aber sie holen dich trotzdem immer wieder gedanklich und emotional ein?
- Welche Personen haben dich in diesem Leben nachhaltig verletzt, wo es dir schwerfällt zu vergessen oder zu verzeihen?
- Was kannst du dir selbst bisher nicht verzeihen?

2. Auf einer Skala von 0 bis 10, wobei 0 für „auf keinen Fall" und 10 für „absolut, ohne jeden Zweifel" steht: Wie sehr bist du bereit, deine Vergangenheit hinter dir zu lassen?

3. Atem- und Meditationsübung

Scanne den QR-Code oder gib den angegebenen Link in den Browser ein, um Zugang zu den Meditationen inklusive Atemübungen zu erhalten.

www.michellebanguio.com/nolimitsaudiomeditation

24
Stufe 4: Bewertungen

Von allen acht unsichtbaren Hauptbarrieren wird die Stufe 4, Bewertungen, am meisten unterschätzt. Dabei sind deine Bewertungen maßgeblich dafür, wie du dich fühlst, gerade in schwierigen Zeiten. Deine Emotionen sind ein Resultat deiner persönlichen Bewertungen. Empfindest du Scham aufgrund deines überzogenen Bankkontos, liegt das nur daran, dass du keine neutrale Haltung hast, es als etwas Schlechtes bewertest und dich womöglich über deinen Kontostand identifizierst.

Negative Bewertungen machen nicht nur eng, was weit sein könnte, sie halten dich auch klein. Du kannst nicht voller Freude sein und dich gleichzeitig in Grund und Boden schämen, weil du durch deine Abschlussprüfung gerasselt bist. Jeder von uns stößt irgendwann an seine persönlichen Grenzen und wird mit harten Brocken konfrontiert. Das Leben selbst kannst du nicht kontrollieren, aber deine Bewertungen und Gedanken über das Geschehene schon. Es ist und bleibt deine Entscheidung, wie du die Dinge in deinem Leben einordnest. Es ist und bleibt deine Entscheidung, wie lösungsorientiert und vorwärtsdenkend du lebst.

Darfst du dich jetzt nicht mehr ärgern oder frustriert sein, wenn etwas anders gelaufen ist als erhofft? Doch natürlich! Bitte lass alle Emotionen, die dich packen, zu, lebe sie aus und lass die Energie fließen. Emotionen sind nichts anderes als Energie. Unterdrückst du regelmäßig deine Emotionen, gibt es in dir einen Energiestau, der sich nach einer gewissen Zeit ganz unterschiedlich äußern kann – durch beispielsweise

Erschöpfung und Krankheit sowie immer wiederkehrende Probleme. Aber auch an bestimmten Verhaltensweisen erkennst du, wenn Menschen den Zugang zu ihren eigenen Emotionen blockiert halten und in einem Dauerzustand der jeweiligen Emotion sind.

Kennst du Menschen aus deinem Umfeld, die einfach vor allem Angst haben? Beim Autofahren, vor Krankheiten, Angst, den Job zu verlieren, Angst vor Weltkatastrophen? Die Angst steckt ihnen in den Gliedern, sodass sie das Leben selbst gar nicht vollständig genießen können, weil für sie überall eine Gefahr lauert. Oder vielleicht kennst du auch Menschen, die immer meckern und nur negativ sind? Die davon überzeugt sind, dass eh alles schief geht, und wenn es dann auch so kommt, wie sie vorhergesagt haben, sie voller Genugtuung rufen: „War ja klar!" Ja, war es auch, so funktioniert bekanntlich manifestieren und das Gesetz der Anziehungskraft. Egal, ob es Frust, Angst oder Wut ist – Fakt ist, die jeweiligen Personen sind in gewisser Weise auf ihren Emotionen hängen geblieben wie auf einer Art Droge. Die Energie steckt im ganzen System fest. Deswegen ist es so unglaublich wichtig, dass du einen gesunden Zugang zu deinen Emotionen hast.

Deine negativen Bewertungen plus die dazugehörigen Emotionen haben dich fest in der Hand. Erinnerst du dich noch an eine meiner Kundinnen, die eine enorme Ablehnung gegenüber dem Gefühl Wut hatte?

Dabei war sie selbst voller Wut gewesen, hatte sich aber nie erlaubt, bis zu unserer Retreat-Session, diese Wut zu fühlen und freizusetzen. Es war für sie nicht nur eine echte Befreiung, sondern auch ein enormer Gewinn an neuen Erkenntnissen und darauffolgenden positiven Veränderungen. Ihre bisherige Bewertung des Themas Wut hatte sie kleingehalten, es war kein

Raum für Wachstum und langfristige Veränderung, weil sie sich selbst den Weg dafür versperrte.

Alle Emotionen können für dich wirksam sein, egal, ob negativ oder positiv, vorausgesetzt, du bist in der Lage, mit deiner eigenen Energie umzugehen. Vorausgesetzt, du hast keine Angst vor dir selbst und deinen Emotionen. Vorausgesetzt, du übernimmst Verantwortung und hast Klarheit darüber, wo du hinwillst und was du deiner Energie befiehlst. Wut kann ein unglaublicher Katalysator dafür sein, Dinge in die Tat umzusetzen. Frust kann dein Startschuss für Veränderung sein. Angst kann dich beflügeln, über dich hinauszuwachsen. Es ist ein riesengroßer Unterschied, ob du deine Emotionen für dich nutzt oder ihnen erliegst, ob du entscheidest, in welche Richtung du gehst, oder ob deine Emotionen entscheiden, in welche Richtung du gehst. Und dieser große Unterschied steht und fällt mit der persönlichen Bewertung deiner Emotionen. Bist du deinen Gefühlen wie beispielsweise Wut, Angst, Enttäuschung oder Frust viel neutraler gegenüber eingestellt, bist du in der Lage, die gefühlten Emotionen zu übersetzen, sie zu verstehen und dadurch deine blinden Flecken zu entdecken und diese aufzulösen. Wie gesagt, negative Bewertungen machen so einiges eng, was weit sein könnte, und versperren dir dadurch den Weg zu deinem vollen Potenzial.

Das Gleiche gilt auch für alle Bewertungen, die du auf dich, deinen Körper, deine Arbeit und die ganze Welt hast. In meiner Arbeit als Coach und Mentorin schaue ich mir mit meinen Kundinnen immer ihre Bewertungen an. Im Business-Kontext, vor allem wenn es um das Thema Sichtbarkeit und Verkaufen geht, ploppen die ersten negativen Bewertungen und Ängste auf. Fast alle meine Kunden haben Angst zu verkaufen und sich und ihre Produkte regelmäßig zu zeigen. Warum? Sie haben eine negative Bewertung auf das Thema Verkaufen und befürchten Ablehnung von außen.

Du kannst nicht zu 100 % überzeugt sein von deinem Angebot und davon, dass es das Leben deiner Kunden positiv beeinflusst, aber gleichzeitig Angst davor haben, regelmäßig über dein Produkt zu sprechen, weil du niemanden nerven willst.

Egal wie oft du schon einen positiven Glaubenssatz formuliert hast: „Ich liebe es, Geld zu verdienen" oder um deine negativen Überzeugungen aufzuweichen, regelmäßig sagst: „Wie schön wäre es, wenn ich von meinem eigenen Business leben könnte", es wird nichts bringen, solange du negative Bewertungen auf Verkaufen, Erfolg, Sichtbarkeit und Geld hast.

Mit dem richtigen Mindset schaffst du alles!

Das gilt für alle deiner Lebensbereiche. Befreie dich von Bewertungen, die dich kleinhalten. Dein Beziehungsstatus, dein Kontostand, dein Abschluss, deine Erfolge, deine Niederlagen und vieles mehr sagen nichts über dich aus, es sei denn, du lässt es zu.

Diana Nyad, eine Langstreckenschwimmerin, versuchte im Alter von 28 Jahren, die Straits of Florida zu durchqueren – eine Strecke von 177 Kilometern, von Kuba nach Florida, ohne Pause. Sie gab nach 42 Stunden im offenen Meer auf, überwältigt von den Strömungen und extremen Bedingungen.

Über 30 Jahre später, nun Anfang 60 und über 30 Jahre lang nicht geschwommen, entschied sich Diana, es erneut zu versuchen. Viele zweifelten, dass sie es schaffen könnte, doch sie war überzeugt: „Diesmal werde ich es schaffen, weil ich das richtige Mindset habe." In den nächsten Jahren versuchte sie es noch vier weitere Male. Starke Strömungen, Verletzungen und Quallen machten ihre Bemühungen zunichte. Doch Diana gab nicht auf. Mit 64 Jahren startete sie ihren fünften Versuch, mit dem unerschütterlichen Glauben: „Ich glaube nicht an Begrenzungen."

Und diesmal gelang es ihr. Nach 53 Stunden erreichte sie am 2. September 2013 die Küste Floridas. Sie hatte das Unmögliche möglich gemacht. Diana Nyad zeigt uns, dass es nicht darum geht, wie alt du bist oder wie oft du gescheitert bist.

Es bedarf eines gewissen und kontinuierlichen Trainings, dich nicht mehr über Bisheriges zu definieren und dich trotz vermeintlichen Scheiterns zu motivieren, an deinen Zielen dranzubleiben. Nimm ab sofort die Bewertung raus, jeden Tag ein bisschen mehr.

Frage dich immer: „Wo ist das Geschenk?" Sei offen für Geschenke, Erfahrungen und daraus resultierende Weisheiten. Nyads fünfter Versuch war erfolgreich, weil sie und ihr Team aus den vorherigen Erfahrungen gelernt hatten. Jeder gescheiterte Versuch machte sie stärker und besser vorbereitet. Ist es immer einfach, ein Geschenk zu finden? Nein, nicht immer! Aber mit einem gut trainierten Mindset kannst du dafür sorgen, nicht nur das Drama, sondern auch einen möglichen Gewinn zu erkennen.

Stell dir kurz vor: Ein kuschliges Wohnzimmer mit Kamin, draußen liegt Schnee und vor dir steht ein prächtig geschmückter Weihnachtsbaum. Darunter liegen viele Geschenke mit deinem Namen.

Das ist der einfache Part. Offensichtliche Geschenke, wie die Gartenparty mit deinen engsten Freunden an einem schönen Sommerabend. Leckere Cocktails, feines Barbecue und gute Musik zum Abtanzen. Wenn du in solch einem Moment kurz innehältst und schon etwas länger das Dankbarkeits- und Geschenkespiel beherrschst, wirst du gar nicht mehr fertig werden mit deiner Wertschätzung für diesen kostbaren Moment. Dankbarkeit bedeutet, die Fülle in deinem Leben zu erkennen und zu ehren.

Was aber nun, wenn du einen bescheidenen Tag hast, an dem alles schiefläuft? Eine anstrengende Lebensphase, die dich an deine Grenzen bringt? Was, wenn Kunden absagen, nicht zahlen und du plötzlich erkältet bist, obwohl du einen wichtigen Geschäftstermin hast? Was, wenn du gerade eine Trennung hinter dir hast oder mit einer Krankheit konfrontiert wirst?

Dann wird es schwieriger, das Geschenk zu finden. Lass die Emotionen zu, reg dich auf, sei frustriert, heul, hab Angst oder verkriech dich – was auch immer dir in dem Moment hilft. Aber verlier dich nicht darin.

Das Leben fühlt sich nicht immer nur nach Weihnachten und großen, offensichtlichen Geschenken an. Manchmal ist halt Ostern. An Ostern siehst du keine offensichtlichen Geschenke. Sie sind versteckt und du musst sie suchen, wenn du sie haben willst.

Genauso ist es mit den Geschenken in frustrierenden und Zweifel erweckenden Situationen. Du darfst mental so gut aufgestellt sein, dass du zwar wütend oder traurig bist, aber eine tiefe Gewissheit in dir trägst, dass es hier ein Geschenk für dich gibt. Der Glaube daran, dass du aus dieser Situation etwas für dich mitnehmen kannst. Du musst in dem Moment nicht wissen, was das ist und auch nichts Positives erzwingen. Es ist deine innere Haltung und Einstellung. Das ist dein unberührter Anteil. Du erliegst nicht mehr deinen negativen Bewertungen, sondern lässt Raum für Lösungen, Erkenntnisse und Weisheiten, die dich auf deinem Weg weiterbringen.

Halten wir fest: Deine negativen Bewertungen über dich, deine Fähigkeiten, deine Niederlagen, deinen Körper usw. stehen dir immens im Weg. Genauso wie alle negativen Bewertungen über andere Menschen, Erfolg, Geld, Krankheit, die Gesellschaft und vieles mehr. Jede deiner Bewertungen versperrt dir nicht nur den Weg zu deinen Zielen, sondern raubt dir auch unglaublich viel Kraft. Viele deiner Bewertungen sind vermutlich so in Fleisch und Blut übergegangen, dass sie dir gar nicht mehr auffallen. Es heißt also wieder einmal: ab in die Tiefe.

Lösungsansätze und Übungen für Stufe 4

1. Führe ein Emotionstagebuch, in dem du jeden Tag notierst, welche Emotionen du gespürt hast und welche Ereignisse oder Gedanken diese Emotionen ausgelöst haben. Schreibe auf, wie du diese Emotionen bewertest. Wie förderlich/gewinnbringend sind deine aktuellen Bewertungen auf diese Emotionen? Falls sie noch sehr negativ sind, versuche dich, mehr mit den Emotionen anzufreunden, indem du beispielsweise herausfindest, was sie dir sagen möchten.

2. Schreibe einen belastenden Gedanken auf, den du häufig hast. Stelle dir dann die folgenden Fragen:

- Ist dieser Gedanke absolut wahr?
- Wie fühle ich mich, wenn ich diesen Gedanken glaube?
- Wie würde ich mich fühlen, wenn ich diesen Gedanken nicht hätte?
- Gibt es eine neutralere oder positivere Bewertung dieser Situation?

3. Welche wiederkehrenden negativen Bewertungen hast du über dich selbst, deine Fähigkeiten und dein Leben?

4. Denke an eine schwierige Situation in deinem Leben. Gibt es etwas Positives oder ein Geschenk, das du aus dieser Erfahrung mitgenommen hast? Wie hat diese Erfahrung zu deinem persönlichen Wachstum beigetragen?

5. Atem- und Meditationsübung

Scanne den QR-Code oder gib den angegebenen Link in den Browser ein, um Zugang zu den Meditationen inklusive Atemübungen zu erhalten.

www.michellebanguio.com/nolimitsaudiomeditation

25
Stufe 5: Unterbewusstsein

Dein Unterbewusstsein hast du in diesem Buch schon ein bisschen kennengelernt. Daher sollte es dich nicht überraschen, dass das Unterbewusstsein auch zu den acht unsichtbaren Hauptbarrieren gehört, die dir beim Verwirklichen deiner Visionen im Weg stehen.

Noch einmal zur Wiederholung: Dein Unterbewusstsein bestimmt zu 95 %, wie der Hase läuft. Deine Verhaltensweisen, Muster und Entscheidungen basieren hauptsächlich auf deinem Unterbewusstsein. Dein Verstand findet zwar im Anschluss meist solide Gründe, warum du dich für oder gegen etwas entschieden hast, aber in der Regel war deine Entscheidung unbewusst. In deinem Unterbewusstsein stecken all deine Ängste, Selbstzweifel und Unsicherheiten. Hast du also noch nicht aktiv mit deinem Unterbewusstsein gearbeitet, ist der Nährboden deiner Entscheidungen meist mangelbehaftet.

Es ist faszinierend, wie leicht wir Ratschläge
für andere haben, aber wie blind wir für
unsere eigenen Baustellen sind.

Stell dir vor, du hast dir herrliche Gemüse- und Obstsamen gekauft und möchtest diese jetzt voller Vorfreude auf die bald folgenden Früchte in dein Hochbeet pflanzen. Allerdings ist die Erde, die du verwendest, alt, vertrocknet und ohne Mineralien.

Du kannst also noch so bemüht sein, was die Pflege deiner Samen betrifft, es wird weder etwas Neues noch etwas Profitables entstehen. Die schönen Samen können ohne die richtigen Komponenten nicht gedeihen. Das Einzige, was du bekommst, ist weiterhin trockene Erde und Unkraut. Damit deine Samen wirklich gedeihen können und du schon bald saftige Früchte ernten kannst, bedarf es feuchter, mineralstoffhaltiger Erde.

Nichts anderes ist es mit deinen persönlichen Zielen und Wünschen. Ein Unterbewusstsein, das noch nicht umgepolt wurde, kreiert dir immer nur das, was es bisher kennt – sowohl gedanklich, emotional als auch in deiner Realität. Solange deine Schwingungsfrequenz niedrig schwingt, weil dein Unterbewusstsein die letzten Jahre und Jahrzehnte beispielsweise gelernt hat, vorsichtig sein zu müssen, nicht gut genug zu sein, nicht erfolgreich sein zu können, kannst du keine großen Veränderungen in deinem Leben vornehmen.

Es ist, als würdest du auf einer Karte nicht alle Straßen, Wege und Landschaften sehen, sondern nur einen Bruchteil davon – eben das, was dir dein Unterbewusstsein zeigt. Was ich dir damit sagen möchte: Es gibt heute, hier und jetzt so viele Möglichkeiten und Lösungen, wie du dein Leben direkt auf einen neuen Weg bringen kannst. Es ist nur sehr wahrscheinlich, dass du diese Möglichkeiten und Lösungen aufgrund deiner unsichtbaren Hauptbarriere – deinem Unterbewusstsein – nicht siehst.

Nur weil du es nicht siehst, heißt das nicht,
dass es nicht da ist.

Dein Unterbewusstsein möchte, dass du in deiner Komfortzone bleibst. Deine Komfortzone ist der Bereich, in dem du dich sicher und wohl fühlst, weil er vertraut und vorhersehbar ist. Es ist der Bereich, in dem du dich vor Herausforderungen, Risiken oder Veränderungen schützt, da du glaubst, dass du hier keine negativen Konsequenzen erleben wirst – besser gesagt, dein Unterbewusstsein glaubt das. Deine Komfortzone ist vor allem durch routinemäßige Aktivitäten, bekannte Umgebungen, ähnliche Beziehungsmuster und bekannte Verhaltensweisen gekennzeichnet, egal ob positiv oder negativ.

Erinnerst du dich noch an die Sucht nach Emotionen, über die wir in Stufe 3 gesprochen haben? Erinnerte Emotionen bieten dir eine Sicherheit, unabhängig davon, wie schmerzhaft sie sind. Sie fühlen sich für dein System sicher und somit richtig an, weil du sie schon so oft erlebt hast.

Die wohl schwersten Dinge für einen Menschen sind es, Eigenverantwortung und Selbstliebe zu leben. Beides braucht es für ein erfülltes und glückliches Leben.

Bitte versteh mich richtig: Dein Unterbewusstsein liebt dich und ist nicht dein Feind – im Gegenteil. Wenn du erst mal gelernt hast, wie du dein Unterbewusstsein gewinnbringend nutzt, wirst du merken, wie gut es sich anfühlt, wenn ihr denselben Kurs verfolgt. Auch wenn du dich im ersten Moment ärgerst, weil du das Gefühl hast, Opfer deines eigenen Unterbewusstseins zu sein, möchte ich dich darauf aufmerksam machen, dass es sich um automatische, unbewusste Reaktionen handelt, die immer wieder ablaufen. Diese Reaktionen sollen dich vor potenziellen Bedrohungen schützen, indem sie dich dazu veranlassen, in deiner Komfortzone zu bleiben.

Du musst – und ja, ich meine hier wirklich du musst – dich deinen eigenen ängstlichen Gefühlen, Sorgen und Zweifeln widersetzen. Dein Unterbewusstsein ist stark und fährt bei großen, von dir geplanten Veränderungen alle Geschütze auf. Du kannst dich kaum retten vor negativem Kopfgeplapper, das dich davon überzeugen soll, „es nicht zu tun". Kann es sogar sein, dass dein Unterbewusstsein dir irgendwelche Katastrophen im Außen kreiert oder Menschen schickt, die dich von deinem Vorhaben abbringen sollen? Ja! Wie gesagt, es tut alles um dich – aus seiner Sicht – zu beschützen.

Was kannst du also jetzt tun, um dein Unterbewusstsein umzupolen?

Nimm dir jemanden zur Seite, der dein verstecktes Potenzial erkennt und sieht, wie dich dein Unterbewusstsein sabotiert.

Manchmal sind wir zu nah an unseren eigenen Problemen, um klare Lösungen zu sehen.

Fang an, dein Wissen mit Unterstützung von außen zu integrieren, um endlich ein Leben in absoluter Fülle zu erleben.

Lösungsansätze und Übungen für Stufe 5

1. Setze dich an einen ruhigen Ort und schließe die Augen. Stelle dir dein Leben so vor, wie du es dir wünschst, ohne Einschränkungen oder Ängste. Visualisiere detailliert, wie du dich fühlst, wie du handelst und welche Ergebnisse du erreichst. Schreibe danach deine Visionen auf. Ziel: Nutze die Kraft der Visualisierung, um dein Unterbewusstsein auf positive Veränderungen vorzubereiten und deine Schwingungsfrequenz zu erhöhen.

2. Notiere drei Ängste, die dich daran hindern, deine Ziele zu erreichen. Für jede Angst beantworte die folgenden Fragen:

- Was ist das Schlimmste, was passieren könnte?
- Wie wahrscheinlich ist es, dass dieses Szenario eintritt?
- Was könnte ich tun, um mich auf dieses Szenario vorzubereiten oder es zu vermeiden?
- Was ist das Beste, was passieren könnte, wenn ich diese Angst überwinde?

3. Bewerte deine aktuelle Risikobereitschaft und überlege, ob du bereit bist, mehr Risiken einzugehen, um deine Ziele zu erreichen. Wo stehst du auf einer Skala von 1 (keine Risikobereitschaft) bis 10 (absolut risikobereit)?

4. Welche inneren Impulse klopfen immer wieder an, die du noch versuchst zu ignorieren, und dein Verstand Gründe nennt, wieso es nicht geht? Ziel: Erkenne die inneren Impulse, die du bisher ignoriert hast, und entscheide, welchem Impuls du heute folgen kannst.

5. Atem- und Meditationsübung

Scanne den QR-Code oder gib den angegebenen Link in den Browser ein, um Zugang zu den Meditationen inklusive Atemübungen zu erhalten.

www.michellebanguio.com/nolimitsaudiomeditation

26

Stufe 6: Verletztes Ego

Die ursprüngliche Aufgabe deines Egos besteht darin, dein Selbst zu schützen und zu stärken, indem es dir eine kohärente Identität schafft. Diese Identität umfasst deine persönlichen Eigenschaften, Werte, Überzeugungen, Interessen und Ziele, die dich als einzigartig definieren und dein Selbstkonzept bilden. All diese Merkmale beeinflussen dein Verhalten, deine Entscheidungen und deine Interaktionen mit anderen.

Dein Ego hilft dir, dich in der Welt zurechtzufinden, deine Bedürfnisse zu erfüllen und deine Interessen zu verteidigen. Es ist ein Teil deiner Persönlichkeit, der dein Selbstbewusstsein, Selbstbild und deine Selbstwahrnehmung prägt. Im Ego entstehen deine Wünsche, Motivationen und Ziele. Dein Ego ist für dich und die Verwirklichung deiner Visionen sehr wichtig.

Das Ego ist die treibende Kraft, die dich dazu bringt, besser zu werden, mehr zu erreichen und dein Potenzial auszuschöpfen.

Zig Ziglar

In deinem Gehirn sind bestimmte Hirnregionen und neuronale Netzwerke für die Verarbeitung von Selbstbezug, Identität und sozialer Interaktion zuständig. Dazu gehören Bereiche wie der vordere Stirnlappen und das limbische System. Dein Ego entsteht durch die Integration von sensorischen, emotionalen, kognitiven und sozialen Informationen, die du über dich selbst sammelst und interpretierst. Kurz gesagt, das menschliche Ego ist ein komplexes und dynamisches Konstrukt. Dein Ego spielt eine zentrale Rolle bei der Gestaltung deiner Identität und deiner Beziehung zur Welt.

Du kannst dir jetzt vielleicht schon vorstellen, welche immense Auswirkung dein Ego auf dein Leben hat, wenn es verletzt ist, und weshalb das verletzte Ego die sechste Stufe deiner unsichtbaren Hauptbarrieren ist. Ein verletztes Ego wirkt im Hinblick auf das Erreichen deiner Ziele dysfunktional.

Ich habe dir die häufigsten Verhaltensweisen zusammengefasst, die auftreten, wenn dein Ego verletzt ist. Ich bin mir sicher, dass du dich bei dem ein oder anderen Punkt wiederfindest, aber auch ein paar Verhaltensmuster aus deinem Umfeld erkennst.

Häufige Verhaltensweisen bei einem verletzten Ego:

Empfindlichkeit: Menschen mit einem verletzten Ego neigen dazu, empfindlicher auf Kritik, Ablehnung oder negative Erfahrungen zu reagieren. Selbst kleine Unannehmlichkeiten können zu starken emotionalen Reaktionen führen. Dies liegt meist an tieferliegenden emotionalen Verletzungen sowie einem gesteigerten Bedürfnis nach Anerkennung und Bestätigung. Negative Erfahrungen, insbesondere in der Vergangenheit, führen zu einem geschwächten Selbstwertgefühl und beeinträchtigen damit die Fähigkeit, mit Stress oder Konflikten angemessen umzugehen. Dadurch können selbst kleinste Ärgernisse als Bedrohung für das Selbstwertgefühl wahrgenommen werden, was zu übermäßigen emotionalen Reaktionen führen kann.

Beispiel 1:

Ein Freund weist dich darauf hin, dass du oft zu spät zu Verabredungen kommst. Anstatt die Kritik anzunehmen und darüber nachzudenken, fühlst du dich sofort persönlich angegriffen und beginnst, dich zu rechtfertigen und alle Gründe aufzuzählen, warum du spät warst. Dies kann zu einem unnötigen Streit führen und belastet eure Freundschaft.

Beispiel 2:

Dein Partner erwähnt beiläufig, dass das Abendessen ein bisschen zu salzig war. Du fühlst dich sofort kritisiert und nicht wertgeschätzt, reagierst emotional und ziehst dich für den Rest des Abends zurück. Dein überempfindliches Reagieren sorgt für Spannungen in der Beziehung, obwohl die Bemerkung harmlos gemeint war.

Angriff – Rückzug: Eine Person mit einem verletzten Ego möchte sich vor weiteren Verletzungen oder Enttäuschungen schützen. Diese Schutzmechanismen können sich im Rückzug, aber auch im Angriff äußern. Dein System möchte so weiteren Schmerz vermeiden. Egal, ob durch die Offensive oder das Zurückziehen, in beiden Fällen wird dadurch versucht, die schon bisherigen Verletzungen und Wunden vor dem Gegenüber zu verbergen. Bist du verletzt, fühlst du dich schwächer und meist unterlegen. Hat dein Ego das Gefühl, dass du gerade von etwas oder jemandem bedroht wirst, geht es direkt in den Verteidigungsmodus, weil es nicht will, dass du in deiner Verletzlichkeit erkannt wirst.

Beispiel 1, Angriff:

Während eines Teammeetings bringt ein Kollege einen Verbesserungsvorschlag für dein Projekt ein. Anstatt den Vorschlag sachlich zu prüfen, fühlst du dich angegriffen und konterst mit einer Kritik an einem seiner Projekte. Ein Gegenangriff basierend auf deiner eigenen Verletzung und daraus resultierenden Unsicherheit.

Beispiel 2, Angriff:

Dein Partner äußert dir gegenüber, dass er sich vernachlässigt fühlt, weil du dich in letzter Zeit sehr zurückgezogen hast. Anstatt zuzuhören und die Situation zu klären, fühlst du dich angegriffen und zählst ihm auf, was dich alles an ihm stört.

Beispiel 1, Rückzug:

Du erhältst kritisches Feedback von deiner Vorgesetzten zu einem Bericht, den du eingereicht hast. Anstatt die Kritik anzunehmen und daran zu arbeiten, vermeidest du zukünftig Gespräche mit deiner Vorgesetzten und hältst dich in Meetings zurück, um keine weiteren Angriffsflächen zu bieten.

Beispiel 2, Rückzug:

In einer Diskussion mit Freunden über ein sensibles Thema fühlst du dich unverstanden und verletzt. Anstatt deine Sichtweise zu erklären oder die Diskussion weiterzuführen, ziehst du dich in dich zurück, wirst still und beteiligst dich nicht mehr aktiv am Gespräch. Du versuchst, zukünftig weitere Treffen generell zu vermeiden oder brichst komplett den Kontakt ab.

Perfektionismus: Dein verletztes Ego kann sich auch in Perfektionismus äußern. Hohe Standards an dich selbst anzulegen und perfektionistische Tendenzen zu entwickeln, ist oft ein Versuch, Anerkennung und Bestätigung von anderen zu erhalten, um dein Selbstwertgefühl zu stärken und deine Verletzlichkeit zu verbergen. Du bzw. dein verletztes Ego definierst dich hauptsächlich durch Leistung, Erfolg und Ansehen im Außen. Das führt zu einer starken Abhängigkeit von externen Urteilen und Erwartungen, was es zukünftig schwierig macht, deine eigenen Bedürfnisse und Grenzen zu kennen und zu respektieren.

Beispiel 1:
Du arbeitest an einem wichtigen Projekt und verlierst dich ständig in Kleinigkeiten, weil du Angst hast, dass es nicht perfekt genug ist. Obwohl das Projekt längst den Anforderungen entspricht und sogar gelobt wird, findest du immer wieder neue Details, die deiner Meinung nach verbessert werden müssen. Diese ständige Überarbeitung und Selbstkritik ist zum einen ein Ausdruck von Ablenkung, um dich nicht intensiver mit dir und deinem Inneren auseinandersetzen zu müssen. Zum anderen ist es der ständige Kampf, es für die anderen besonders gut machen zu wollen, um so Lob und Anerkennung zu ernten.

Beispiel 2:
Du planst eine Geburtstagsfeier für deine Partnerin und möchtest, dass alles perfekt ist – vom Essen über die Dekoration bis hin zur Unterhaltung. Du setzt dich so sehr unter Druck, dass du am Tag der Feier erschöpft und angespannt bist. Anstatt den Tag zu genießen, bist du ständig besorgt, dass etwas nicht perfekt laufen könnte.

Kontrollbedürfnis: Ein verletztes Ego kann dazu führen, dass du ständig versuchst, Kontrolle über deine Umgebung, Mitmenschen, Beziehungen, das Leben oder dich selbst zu behalten. Das zeigt sich oft darin, dass du dich starr an Pläne oder Routinen hältst und Schwierigkeiten hast, Flexibilität oder Veränderungen zuzulassen. Dieses Kontrollbedürfnis entsteht, weil dein Ego versucht, Unsicherheiten und Ängste zu verringern. Indem du die Umgebung und deine eigenen Erfahrungen vorhersehbar und kontrollierbar machst, fühlst du dich vermeintlich sicherer, aber auch gestresst.

Beispiel 1:
Du planst einen Urlaub mit Freunden und möchtest, dass alles nach deinem Plan verläuft – von den Aktivitäten bis hin zu den Mahlzeiten. Wenn deine Freunde spontan andere Ideen einbringen, reagierst du gestresst und versuchst, die ursprünglichen Pläne durchzusetzen. Diese mangelnde Flexibilität führt zu Spannungen und mindert den Spaß am gemeinsamen Urlaub.

Beispiel 2:
Du bist Teamleiter und möchtest sicherstellen, dass jedes Detail eines Projekts perfekt umgesetzt wird. Du delegierst Aufgaben, aber überprüfst ständig die Arbeit deiner Kollegen und machst Korrekturen. Abgesehen davon, dass dich dein eigenes Verhalten übermäßig stresst, sorgt dein Mikromanagement zu Spannungen im Team und hindert die Mitarbeiter daran, eigenverantwortlich zu arbeiten und sich weiterzuentwickeln.

Selbstsabotage: Menschen mit einem verletzten Ego sabotieren sich oft selbst, indem sie sich regelmäßig in destruktive Verhaltensweisen, negative Gedankenmuster oder ungesunde Beziehungen verstricken. Es ist gut möglich, dass du dich aufgrund deines verletzten Egos unwürdig fühlst, erfüllt und glücklich zu sein, und dich deswegen selbst daran hinderst, positive Veränderungen in deinem Leben herbeizuführen. Mangelndes Selbstwertgefühl ist häufig der Grund dafür, dass du unbewusst Verhaltensweisen entwickelst, die deine eigenen Wünsche sabotieren.

Beispiel 1:
Du erhältst ein großartiges Jobangebot, das perfekt zu deinen Fähigkeiten und Interessen passt. Trotz der Begeisterung zögerst du, das Angebot anzunehmen, weil du unbewusst das Gefühl hast, es nicht zu verdienen. Du findest immer wieder Ausreden und lässt schließlich die Gelegenheit verstreichen, aus Angst vor möglichen Misserfolgen.

Beispiel 2:
Du hast endlich jemanden kennengelernt, der dich sehr interessiert und mit dem du eine Beziehung aufbauen möchtest. Trotz der positiven Gefühle sabotierst du die Beziehung, indem du dich distanziert verhältst und ständig nach Fehlern suchst. Deine Angst, verletzt zu werden, hindert dich daran, eine tiefere Verbindung einzugehen.

Warum ist das menschliche Ego überhaupt verletzt?

Auch hier gibt es unterschiedliche und individuelle Gründe, die meist in der Vergangenheit liegen.

Wiederholte Enttäuschungen, Misserfolge oder unerfüllte Erwartungen können dazu führen, dass dein Ego angeknackst ist, ebenso wie ständige Kritik oder Ablehnung von anderen. Traumatische Ereignisse wie Missbrauch (physisch und psychisch), Vernachlässigung oder Verlust, aber auch ungesunde Beziehungen und das Nichterfüllen deiner Grundbedürfnisse sind mögliche Gründe für ein verletztes Ego.

Dein verletztes Ego ist eine so hartnäckige unsichtbare Hauptbarriere, weil es dir eine verzerrte Wahrnehmung der Welt, dir selbst und deinen Fähigkeiten vermittelt. Selbst wenn du konkrete Ziele hast und dabei bist, sie zu erreichen, stehst du dir immer wieder selbst im Weg und sabotierst dein eigenes Vorhaben. Gleichzeitig macht es dir dein verletztes Ego sehr schwer, Selbstreflexion und Unterstützung von außen zuzulassen.

Projektion ist Illusion!
Es ist eine Illusion zu glauben, es läge an den anderen.
Du bist es selbst, der die Dinge in die Hand nehmen und
ändern muss!

Das Zauberwort für dein verletztes Ego und die sechste Stufe deiner acht unsichtbaren Hauptbarrieren ist Selbstreflexion. Reflektiere dich und dein Verhalten, prüfe dein Selbstbild und deinen Selbstwert. Schau, ob du dich in den von mir aufgeführten Beispielen wiedererkennst. Geh in die Konfrontation mit dir selbst und fang an, endlich anzuerkennen, wer du wirklich bist – ohne einen negativen, verzerrten Blick auf dich, sondern voller Mitgefühl, absoluter Verantwortung und dem unantastbaren Willen, dich ab sofort selbst zu ehren und wertzuschätzen.

Lösungsansätze und Übungen für Stufe 6

1. Bitte Freunde, Familie oder Kollegen um ehrliches Feedback zu deinem Verhalten in verschiedenen Situationen. Nimm dieses Feedback ohne Verteidigungshaltung an, und frage dich, was es in dir auslöst. Nutze diese Erkenntnis als Grundlage für deine persönliche Entwicklung und überlege, wie du dadurch wachsen kannst.

2. Identifiziere eine Situation, in der dein Ego verletzt wurde. Schreibe detailliert auf, wie du dich gefühlt hast, welche Gedanken du hattest und wie du reagiert hast. Überlege dann, wie du in Zukunft anders reagieren könntest, um konstruktiver mit der Situation umzugehen.

3. Wähle aus den Bereichen Empfindlichkeit, Angriff und Rückzug, Perfektionismus, Kontrollbedürfnis und Selbstsabotage mindestens einen aus, in dem du dich besonders wiedererkennst. Beschreibe bis zu fünf spezifische Situationen aus deinem Leben, in denen du diese Verhaltensweise gezeigt hast. Versuche dabei, folgende Fragen zu beantworten:

- Was genau hat die Situation ausgelöst?
- Welche Gefühle und Gedanken hattest du in diesem Moment?
- Wie hast du reagiert und warum glaubst du, dass du so reagiert hast?
- Welche Auswirkungen hatte dein Verhalten auf dich und andere?
- Wie hättest du alternativ reagieren können, um die Situation konstruktiver zu lösen?

4. Atem- und Meditationsübung

Scanne den QR-Code oder gib den angegebenen Link in den Browser ein, um Zugang zu den Meditationen inklusive Atemübungen zu erhalten.

www.michellebanguio.com/nolimitsaudiomeditation

27
Stufe 7: Männliches und weibliches Urtrauma

Die männliche und weibliche Energie ist überall in der Welt sichtbar und spürbar. Manche Kulturen sprechen von einem Naturgesetz der männlichen und weiblichen Energie. Vor allem die chinesische Philosophie beschreibt die männliche und weibliche Energie als Prinzip der Dualität.

Vielleicht kennst du das chinesische Symbol, das die beiden Energien als Yin und Yang darstellt. Das Symbol ist ein Kreis, der aus zwei stilisierten Fischen besteht. Die Fische sind permanent in Bewegung und tragen jeweils einen kleinen Anteil des Gegenpols in sich.

So trägt der weiße Yang-Fisch, der das Männliche repräsentiert, einen schwarzen Punkt in sich. Und der schwarze Yin-Fisch, der das Weibliche verkörpert, einen weißen Punkt in sich. Im übertragenen Sinne bedeutet das: Nichts im Leben ist so beständig wie der Wandel. Zwei Kräfte, eng umschlungen, kämpfen nicht gegeneinander, sondern ergänzen sich.

Das Leben ist dual: Licht und Schatten,
Freude und Schmerz – beides gehört dazu.

Schau dir die Natur in den unterschiedlichen Jahreszeiten an. Im Frühling erblüht alles, die Natur erwacht zu neuem Leben. Diese Phase wird der Yang-Energie zugeschrieben. Den Höhepunkt erreicht diese Energie im Sommer, wenn die Natur ihre volle Blüte erreicht. Dann folgt ein harmonischer

Übergang in den Herbst, in dem die Natur bereit ist, sich zurückzuziehen, loszulassen und zu regenerieren – ein Ausdruck der Yin-Energie. Schließlich tritt der Winter ein, der für absolute Ruhe und Rückzug steht.

Die Natur zeigt uns so das ständige Wechselspiel zwischen Yin und Yang, das Gleichgewicht und Harmonie schafft. Jede Jahreszeit trägt zur Gesamtbalance bei und steht für die verschiedenen Facetten von Yin und Yang im Zyklus des Lebens. Die Natur ist unser wundervollster Lehrer, denn sie macht uns vor, was es bedeutet, im Rhythmus des Lebens zu sein – ein Gleichgewicht aus Wachstum und Ruhe.

Die männliche Energie steht unter anderem für die Sonne, den Tag, das Erschaffen, das Aktive und die Anspannung. Die weibliche Energie steht unter anderem für den Mond, die Nacht, das Halten, die Ruhe, das Kreative und die Entspannung. Beide Energien leben in dir, egal, ob du Mann oder Frau bist. Beide Energien können sich am besten entfalten, wenn sie miteinander im Einklang sind. Genau das ist jedoch selten der Fall. In der Gesellschaft herrscht eine absolute Dysbalance beider Energien, die mehr als spürbar ist.

In der sechsten Stufe deiner unsichtbaren Hauptbarrieren haben wir uns das menschliche Ego genauer angeschaut und festgestellt, dass das Ego einen sehr großen Mehrwert für uns und unsere Visionen hat, vorausgesetzt, wir haben es mit einem gesunden und gut aufgestellten Ego zu tun.

Ist unser Ego verletzt, wirkt es sich sowohl in unserem Alltag als auch beim Erreichen unserer Ziele destruktiv aus. Genauso verhält es sich auch bei unserer weiblichen und männlichen Energie. Ist der Nährboden beider Energien verwundet, können daraus keine gesunden Früchte entstehen. Wenn du eine Pflanze hast, die beispielsweise unter Staunässe leidet, verfaulen deren Wurzeln. Die Blätter werden gelb und irgendwann stirbt die Pflanze komplett ab. Da hilft auch kein Sonnenlicht oder extreme Hitze. Um die Pflanze zu retten und wieder aufzupäppeln, musst du die Wurzeln von der zu nassen Erde befreien und am besten auch umtopfen. Selbes gilt für deine männliche und weibliche Energie. Solange die Basis deiner Energien verletzt ist, wirst du immer aus deiner männlichen sowie weiblichen Verletzung heraus leben, agieren und Entscheidungen treffen.

Erst wenn die Wunden beider Energien geheilt sind, bist du in der Lage, Neues und Gesundes prachtvoll gedeihen zu lassen und die schönsten Früchte zu ernten.

Je mehr Menschen ich trainierte, desto bewusster wurde mir, dass jeder meiner Klienten seine eigenen Herausforderungen bei einem ganzheitlichen Training hatte – sowohl körperlich als auch mental.

Einige meiner Klienten hatten grundsätzlich eine höhere Spannkraft in ihrem Körper. Alles, was mit Kraft zu tun hatte, konnten sie gut umsetzen. Entspannungs- und Dehnübungen waren für sie dagegen das Grauen. Meinen gelenkigeren Klienten fielen Dehnübungen und Ruhephasen deutlich leichter als kräftigende Übungen. Das Spannende daran war jedoch, wie meine Klienten reagierten, wenn sie jeweils an ihre Grenzen kamen. Alle meine Kunden, die grundsätzlich reine Kraftübungen bevorzugten, reagierten absolut gleich, wenn sie an ihre körperlichen und mentalen Grenzen innerhalb des Trainings kamen. Sie kämpften, verkrampften und gaben nicht auf, drückten sich in bestimmten Bewegungen oder Haltungen noch mehr heraus und erhöhten die Spannung.

Bei Entspannungs- und Dehnübungen war es das Gleiche. Ein klassischer Ausdruck der männlichen Wunde, die wir durch noch mehr Druck nicht mehr spürbar zu machen versuchen. Training und Körperarbeit sind so viel mehr als einfach nur Bewegung. Zeig mir, wie du dich bewegst, und ich weiß, wo dich deine Wunden dominieren. Meine beweglicheren Klienten hatten eine andere Reaktion, wenn sie an ihre Grenzen kamen. Sie kollabierten und hingen in den Gelenken. Wenig Körperspannung und Willen, dafür schnelle Kapitulation, oft mit der verbalen Betonung: „Ich schaffe das nicht! Ich kann nicht mehr!" Regelmäßiges Aufgeben ist Ausdruck der weiblichen Wunde, gefangen in Selbstzweifel und Ausgelaugtheit.

Das Thema weibliche und männliche Energie sowie toxische Weiblichkeit und toxische Männlichkeit begegnete mir nicht nur im Training mit meinen Kunden, sondern auch in der Spiritualität. Mit jeder Fort- und Weiterbildung und mit jedem immer wiederkehrenden Drama in meinem eigenen Leben musste ich mir immer mehr eingestehen, wie sehr mich meine energetischen Urwunden dominierten, vor allem das männliche Urtrauma. Ich war getrieben, verbissen und immer am Kämpfen. Anstatt mal zu ruhen und nach innen zu horchen, machte ich immer weiter. Noch mehr arbeiten, noch mehr Jobs, auf jeder Veranstaltung im Freundeskreis dabei sein, mich immer um alles für andere kümmern, alle Probleme meiner Mitmenschen an mich reißen und geben, geben, geben – beruflich wie privat. Das Gefühl, nicht gut genug zu sein, noch nicht genug getan zu haben, nicht geliebt zu sein, blieb trotzdem. Egal, wie viel ich auch tat.

Wenn es dich deine Erfüllung und deinen inneren Frieden kostet, ist der Preis zu hoch!

Warum habe ich mich in der Vergangenheit so verhalten und warum tust du es unter Umständen auch, egal, ob unbewusst oder bewusst? Zum einen ist da dieses Verdrängen, dieses Wegrennen vor dir selbst. Die nicht vorhandene Bereitschaft, dich wirklich mit dir und deinen Themen auseinanderzusetzen. Die Angst, dich nicht in deiner Vollkommenheit halten zu können, wenn du erkennst, wer du wirklich bist. Zum anderen lebst du in einer Gesellschaft, in der es normal ist, seinen männlichen und weiblichen Schmerz zu ignorieren und statt für Heilung loszugehen, noch mehr Verletzungen zu verursachen – bei anderen und bei sich selbst.

Das männliche Urtrauma treibt dich dazu an, immer noch mehr zu tun, um endlich die Anerkennung und Liebe von außen zu bekommen, nach der sich ein großer Teil von dir sehnt. Ob auf der Arbeit, in deinem Business, innerhalb deiner Familie, auf Social Media oder in deinem Freundeskreis. Strengst du dich immer noch mehr an? Machst du noch mehr? Arbeitest oder trainierst du noch härter? Hast du das Gefühl, du musst immer mehr tun, um einen bestimmten Outcome zu erreichen? Versuchst du zu beweisen, dass du es wert bist, geliebt und wertgeschätzt zu werden?

Oder ist es bei dir eher die weibliche Urwunde? Diese Wunde äußert sich vor allem im Nichtstun, außer sich schlecht fühlen. Bitte versteh mich richtig, das bedeutet nicht, dass du nur rumliegst. Es ist vielmehr ein unbewusstes „Über-sich-ergehen-lassen" und eine Art Kapitulation. Alles auszuhalten, keine Grenzen zu ziehen und die eigenen Grenzen nicht zu wahren, sich selbst und die eigenen Träume aufzugeben. Zurückgehalten von Schuldgefühlen, ständig in Sorge, etwas falsch gemacht zu haben oder etwas falsch zu machen. Mangelndes Selbstvertrauen, innere Zerrissenheit. Kennst du das? Anstatt dich zu wehren und dir zu nehmen, was dir zusteht, ziehst du dich zurück und tust nichts, außer traurig und verletzt zu sein. Diese weibliche Wunde ruft oft ein Gefühl des kompletten Weltschmerzes in uns auf, ein innerliches Erschöpftsein.

Unsere Gesellschaft lebt häufig noch den Schmerz beider Energien aus und nur die wenigsten sind sich dessen tatsächlich bewusst und wirklich bereit, etwas langfristig daran zu verändern.

Noch mal zur Erinnerung: Beide Energien leben in dir, unabhängig davon, ob du Mann oder Frau bist. Demnach trägst du auch beide Traumata in dir. Oft ist eine Wunde stärker ausgeprägt als die andere, aber das bedeutet nicht, dass die andere nicht auch in dir existiert und dein Verhalten beeinflusst. Über Generationen hinweg wurden diese Verletzungen weitergetragen. Das Opfergefühl steckt genauso in unseren Wunden wie das Tätergefühl. Die hervorstechenden Merkmale der siebten Hauptbarriere ist vor allem, dass es eine Massenbarriere ist. Geformt und weitergetragen durch die Erfahrungen und Verletzungen jedes einzelnen Menschen.

Die siebte Hauptbarriere aufzulösen und damit deine weibliche und männliche Energie umzupolen, fühlt sich für viele so hart an, weil es gleichzeitig bedeutet, sich von der Masse zu lösen. Es fühlt sich an, als würdest du deinen Sportverein, deinen Arbeitsplatz, deine Familie, deinen Partner und deinen Freundeskreis gleichzeitig verlassen.

Es tut weh und ist gleichzeitig so befreiend. Das ist ganz normal, wenn du deine alte Identität hinter dir lässt und deine neue lebst! Du fängst an, dein eigenes Leben zu leben, in einer gesunden Energiebalance, indem du alle Opferanteile auflöst. Du musst dich von der Masse lösen, weil du dich entscheidest, weder die Rolle des Opfers, das andere beschuldigt, zu bedienen, noch die Rolle des Täters, der in seinem schlechten Gewissen versinkt. Indem du dich von der Masse löst, kannst du ein Leben leben, in dem du dich so sicher und geliebt fühlst wie niemals zuvor. Ein selbstbestimmtes Leben in Freiheit und Fülle.

Lösungsansätze und Übungen für Stufe 7

1. Schreibe alle Rollen auf, die du in deinem Leben erfüllst. Notiere die Rollen untereinander, damit du hinter jeder Rolle deine Energiebalance bewerten kannst. Denke an verschiedene Bereiche deines Lebens und notiere so viele Rollen wie möglich. Hier sind einige Beispiele, um dir den Einstieg zu erleichtern:

- Mutter/Vater
- Partnerin/Partner
- Freundin/Freund
- Tochter/Sohn
- Angestellte/Angestellter
- Kollegin/Kollege
- Nachbarin/Nachbar
- Schwiegertochter/Schwiegersohn
- Frau/Mann

2. Energiebalance bewerten: Reflektiere für jede Rolle, in welcher Energie du dich hauptsächlich befindest. Verwende dabei das folgende System:

++ : Du bist stark in der gebenden und führenden Haltung (männliche Energie).

+ : Du bist überwiegend in der gebenden Haltung, aber es gibt auch Elemente der empfangenden Haltung.

+ - : Du bist in dieser Rolle ausgeglichen, sowohl gebend als auch empfangend.

- : Du bist überwiegend in der empfangenden und nehmenden Haltung (weibliche Energie).

-- : Du bist stark in der empfangenden, passiven Haltung.

Schreibe die entsprechenden Symbole hinter die jeweilige Rolle.

3. Reflektiere nun über deine Rollen und die dahinter notierten Energien (+/-).

- Wo erkennst du eine Dysbalance?
- Überprüfe, ob die Plus-Symbole, die du gemacht hast, aus dem Bedürfnis nach Anerkennung und der Sehnsucht nach Liebe kommen oder aus einer gesunden männlichen Energie.
- Überprüfe, ob die Minus-Symbole, die du gemacht hast, aus einer verletzten Kapitulation kommen oder aus einer gesunden weiblichen Energie.

Halte Dein Fazit schriftlich fest.

4. Atem- und Meditationsübung

Scanne den QR-Code oder gib den angegebenen Link in den Browser ein, um Zugang zu den Meditationen inklusive Atemübungen zu erhalten.

www.michellebanguio.com/nolimitsaudiomeditation

28

Stufe 8: Abgelehnte und verletzte Persönlichkeitsanteile

Kommen wir nun zur letzten und hartnäckigsten deiner Hauptbarrieren: deine abgelehnten und verletzten Persönlichkeitsanteile.

Wie du dir schon beim Titel vorstellen kannst, geht es um Teile deiner Persönlichkeit, die du ablehnst. Diese unsichtbare Hauptbarriere ist so mächtig, weil du hier unbewusst gegen dich selbst kämpfst. Je mehr du gewisse Verhaltensweisen, Emotionen und vergangene Erlebnisse ablehnst, desto mehr bäumen sich diese Persönlichkeitsanteile gegen dich auf.

Sie sind wütend, weil du sie verstößt, ignorierst und verleugnest. Um deine Aufmerksamkeit zu gewinnen, sabotieren sie deine Pläne, sorgen dafür, dass du dich schlecht und minderwertig fühlst, und hindern dich daran, deine Ziele zu erreichen.

Warum? Weil sie endlich anerkannt werden wollen – immerhin sind sie ein Teil von dir. Deine abgelehnten und verletzten Persönlichkeitsanteile brodeln so lange, bis du dich mit ihnen befasst. Es ist wichtig zu verstehen, dass sie ein Teil deines Selbst sind. Sie gehören zu dir, ob du willst oder nicht.

Solange wir verleugnen, wer wir sind, ist es unmöglich, unser wahres Selbst zu leben.

Warum lehnen wir Teile unserer Persönlichkeit ab?

Dafür gibt es viele Gründe. Einer davon ist der verlorene Zugang zu unseren Emotionen. In Stufe 4 haben wir bereits über den Zugang zu deinen Emotionen gesprochen und darüber, wie mächtig die dazugehörigen negativen Bewertungen sein können. Bei den abgelehnten und verletzten Persönlichkeitsanteilen wird dieser Aspekt erneut relevant. Hier geht es jedoch nicht nur um den gesunden Umgang mit deinen Emotionen, sondern vielmehr darum, den Ursprung zu verstehen. In anderen Worten bedeutet das, zu erkennen, dass du in Wahrheit beides bist: gut und böse, stark und schwach, friedvoll und wütend. Es geht darum, die Anteile, die du bisher abgelehnt hast, vollständig zu akzeptieren und zu integrieren. Dich in absoluter Vollkommenheit dem Leben in seiner komplexen Dualität hinzugeben. Du kannst nur frei sein, wenn du akzeptierst, dass du sowohl Licht als auch Schatten in dir trägst. Bei der 8. Stufe deiner unsichtbaren Hauptbarrieren geht es um Akzeptanz, Hingabe, Integration und letztlich das Loslassen selbst – den Kampf gegen dich. Durch gesellschaftliche Normen und das Vorbild unseres Umfelds haben wir oft verlernt, mit all unseren Emotionen umzugehen, besonders mit Wut, Zorn, Trauer, Frust, Enttäuschung und Angst. Emotionale Menschen sind oft schwer zu kontrollieren und werden deshalb von der Gesellschaft abgelehnt.

Ich war immer ein sehr emotionaler Mensch. Es hat Jahre gedauert, bis ich meine vermeintlich negativen Gefühle wirklich verstehen und deuten konnte. Es gab Zeiten, in denen ich in meinen Wutphasen Dinge, die mir wichtig waren, kaputt machte. Diese Wutanfälle kamen in Wellen, begleitet von Hilflosigkeit und Verzweiflung, weil ich meine Gefühle lange unterdrückt hatte. Unsere Strategien, mit Problemen umzugehen, sind nicht das eigentliche Problem. Das wahre

Problem ist, dass wir oft nicht wissen, was wirklich unser Problem ist.

Unsere Persönlichkeitsanteile arbeiten nicht gegen uns, sondern für uns. Sie machen deutlich, dass ein erfülltes Leben nur möglich ist, wenn wir alle Teile unserer Persönlichkeit annehmen. Und dazu gehört zu erkennen, dass ein Teil von uns verletzt, frustriert, verbittert oder hilflos ist. Nur durch das Erkennen und eine darauffolgende wirksame Herangehensweise kann dieser Persönlichkeitsanteil überhaupt heilen. Das ständige Unterdrücken und Ignorieren führen zu einem inneren Krampf und Kampf.

Horch mal nach innen: Wie fühlst du dich? Sicher? Bedroht? Geliebt? Abgelehnt? Kannst du Liebe für dich empfinden? Bist du stolz auf alles, was du in deinem Leben gemeistert hast? Erlebst du Gelassenheit und Freude oder eher Stress und Druck?

Es gibt kein Richtig oder Falsch. Wichtig ist, dass du herausfindest, wie du dich fühlst und warum du dich so fühlst. Deine Emotionen sind dein persönliches Feedback-System. Sie signalisieren dir: „Ja, bitte mehr davon!" oder „Es wird Zeit für Veränderung." Solange du aber nur einen Teil deiner Emotionen lebst, verleugnest du dich selbst und zahlst einen hohen Preis. Du trägst alle nicht ausgelebten Emotionen mit dir herum, die dich auf etwas aufmerksam machen sollen.

Deine abgelehnten und verletzten Persönlichkeitsanteile entstehen nicht nur durch das Verdrängen von Emotionen. Sie können auch aus traumatischen Ereignissen in diesem Leben oder aus Erfahrungen aus vorherigen Leben stammen. Wissenschaftliche Forschungen in der Psychologie, Parapsychologie und Anthropologie beschäftigen sich mit dem Thema Reinkarnation. Meine Angst vor dem Knallen ist ein Beispiel für eine solche Altlast. Diese Angst begleitet mich seit meiner Kindheit und lässt sich nicht rational erklären. Luftballons, Fasching mit verkleideten Cowboys, Knallerbsen, Feuerwerk – alles, was knallt, triggert in mir ein Gefühl von Angst, das ich aus diesem Leben nicht greifen und beschreiben kann. Es gibt viele Möglichkeiten, wie solche Anteile dich in deinem Leben beeinflussen können, sei es durch negative Assoziationen mit Erfolg und Geld, eine selbstsabotierende Lebensweise oder auch eine Angst vor etwas, die du nicht nachvollziehen kannst.

Ob es wehtut und bleibt oder ob es wehtut und heilt,
liegt ganz allein bei dir.

Es ist wichtig, sich mit diesen Persönlichkeitsanteilen auseinanderzusetzen, vorausgesetzt, du wünschst dir in bestimmten Lebensbereichen eine Veränderung. Beginne damit, deine Emotionen zu reflektieren.

Vor welchen Gefühlen hast du Angst? Welche bewertest du negativ oder lehnst sie ab?

Arbeite daran, den Zugang zu diesen Emotionen zu ändern, damit sie wieder für dich und nicht gegen dich arbeiten. Dieser Prozess ist kein Hexenwerk, aber er erfordert Zeit, Commitment und ein scharfes Bewusstsein. Deshalb empfehle ich dir, Unterstützung zu suchen. Jemand, der deine Energie und deine unsichtbaren Barrieren erkennt, kann dich dabei unterstützen, deine Anteile schneller und effizienter zu vereinen und zu heilen.

Es gibt verschiedene Methoden, um mit abgelehnten und verletzten Persönlichkeitsanteilen zu arbeiten. Meine Methode kombiniert Meditation, Energie Shifts und körperliche Arbeit.

Aus einem einfachen Grund: Unser Körper speichert alle Erlebnisse, und stagnierte Energie wirkt sich negativ auf unser System aus. Energie, die fließt, wirkt positiv.

Stagnierte Energie kann sich auf unterschiedlichste Weise äußern. Es kann sein, dass du dich ständig müde und erschöpft fühlst, obwohl du genug schläfst. Es kann sein, dass du das Gefühl hast, die Verbindung zu dir selbst verloren zu haben und kaum noch etwas fühlst. Stagnierte Energie kann sich auch in unzähligen körperlichen Symptomen äußern wie Verspannungen oder chronische Schmerzen. So individuell wie du bist, so individuell geht dein System mit deinen unsichtbaren Barrieren um. Sobald du schaffst, diese Barriere aufzulösen, kann deine Energie wieder fließen. Und wenn Energie wieder frei fließt, spürst du mit sehr hoher Wahrscheinlichkeit eine erhöhte Vitalität und Lebensfreude. Du fühlst dich emotional ausgeglichen und kannst neuen Herausforderungen mit mehr Leichtigkeit und Gelassenheit begegnen. In der Regel erlebst du so auch weniger Stress und fühlst dich körperlich entspannt und hast deutlich weniger bis keine physischen Beschwerden mehr.

In meinen Online-Programmen, meinen Retreats und als 1:1-VIP-Kunde kannst du diese Methode kennenlernen und deine Persönlichkeitsanteile integrieren sowie deine Hauptbarrieren erkennen und auflösen, um ein erfüllteres Leben zu führen.

Neue Wege – neues Leben!
Alte Wege – altes Leben!
Welchen Weg wählst du?

Lösungsansätze und Übungen für Stufe 8

1. Welche deiner Persönlichkeitsanteile lehnst du ab? Nimm dir Zeit, darüber nachzudenken, welche Teile deiner Persönlichkeit du als „negativ" oder „unerwünscht" empfindest. Dies können bestimmte Emotionen wie Wut, Trauer oder Angst sein oder Verhaltensweisen, die du an dir selbst kritisierst. Frage dich, warum du diese Anteile ablehnst und in welchen Situationen diese Ablehnung am stärksten ist.

2. In welchen Situationen kämpfst du gegen dich selbst? Reflektiere über Momente in deinem Leben, in denen du das Gefühl hattest, gegen deine eigenen Wünsche oder Bedürfnisse zu handeln. Überlege, wann und wie diese inneren Konflikte auftauchen. Erkennst du Muster, in denen deine abgelehnten Anteile dich davon abhalten, deine Ziele zu erreichen?

3. Wie fühlst du dich, wenn du versuchst, gewisse Persönlichkeitsanteile zu unterdrücken? Versetze dich in Situationen, in denen du versucht hast, unangenehme Gefühle oder Verhaltensweisen zu unterdrücken. Welche körperlichen oder emotionalen Reaktionen hast du dabei wahrgenommen? Wie hat sich dies auf deine allgemeine Stimmung und dein Wohlbefinden ausgewirkt?

4. Inneren Dialog führen

Diese Übung hilft dir, bewusst Kontakt mit den abgelehnten Teilen deiner Persönlichkeit aufzunehmen und ihre Bedürfnisse zu verstehen.

Anleitung:

a) Bereite dich vor:
   Suche dir einen ruhigen Ort, an dem du ungestört bist. Nimm dir einen Stift und Papier oder ein Tagebuch zur Hand. Setze dich bequem hin und schließe für einen Moment die Augen. Atme tief ein und aus, um zur Ruhe zu kommen.

b) Denke an einen abgelehnten Persönlichkeitsanteil: Überlege, welchen Teil deiner Persönlichkeit du besonders ablehnst. Dies könnte zum Beispiel deine Angst vor bestimmten Situationen, deine Wut oder deine anhaltende Frustration sein. Konzentriere dich auf diesen Anteil.

c) Beginne den inneren Dialog:
   Stell dir vor, dass dieser abgelehnte Anteil dir gegenübersitzt. Schreibe auf, was du diesem Anteil sagen möchtest. Dann wechsle die Perspektive und antworte dir selbst aus der Sicht dieses Persönlichkeitsanteils. Frage diesen Anteil, was er braucht und warum er sich so verhält. Schreibe die Antworten auf, die dir in den Sinn kommen, ohne sie zu bewerten oder zu zensieren.

d) Erforsche die Bedürfnisse:
Vertiefe den Dialog, indem du fragst, welche Bedürfnisse hinter dem Verhalten deines Persönlichkeitsanteils stehen.

e) Schließe die Übung ab, indem du ein paar reflektierende Sätze schreibst. Wie fühlst du dich jetzt? Was hast du über dich selbst gelernt? Welche nächsten Schritte könntest du unternehmen, um diesen Anteil besser in dein Leben zu integrieren?

f) Nimm dir Zeit, über den Dialog nachzudenken. Du kannst diesen Prozess wiederholen, wann immer du das Bedürfnis verspürst, weitere Anteile deiner Persönlichkeit zu erkunden oder tiefer zu verstehen.

5. Atem- und Meditationsübung

Scanne den QR-Code oder gib den angegebenen Link in den Browser ein, um Zugang zu den Meditationen inklusive Atemübungen zu erhalten.

www.michellebanguio.com/nolimitsaudiomeditation

Happy End?!

Wie schon mehrfach erwähnt, soll dieses Buch dich weder bekehren oder unter Druck setzen, sondern bestenfalls deinen Horizont erweitern. Wenn du auf allen Ebenen deines Lebens glücklich und erfüllt bist, dann mach weiter so. Aber wenn du unerfüllte Wünsche, Bedürfnisse, Ziele und Visionen hast, öffne dich für Neues und überdenke deine bisherige Herangehensweise. Ich hoffe sehr, dass ich dir mit dem Einblick in die acht unsichtbaren Hauptbarrieren ein besseres Verständnis für dich und deine Lebensherausforderungen nahebringen konnte. Ich freue mich, wenn du schon ein bisschen Klarheit gewonnen hast, aber vor allem, wenn du ab sofort mit noch mehr Mitgefühl und Wertschätzung dir selbst gegenübertrittst.

Mein Konzept der acht unsichtbaren Hauptbarrieren soll dich ermutigen und nicht überfordern. In meinen Coachingräumen gibt es kein Muss. Wenn unsere Begegnung bei diesem Buch bleibt, bin ich mehr als glücklich. Falls ich dich in Zukunft auch auf eine weitere Weise begleiten darf, freue ich mich.

Und bevor sich das Buch komplett dem Ende neigt, habe ich noch ein paar wertvolle Schlussworte für dich. Aber bis hierhin schon einmal Danke! Danke für dein Vertrauen in mich und meine Arbeit. Danke, dass du dieses Buch gekauft hast. Ohne dich als Leser oder Leserin wäre es kein wirkliches Buch. Immerhin habe ich es für dich geschrieben! Du hast mir Mut gegeben, nicht nur dieses Buch zu schreiben, sondern es auch mit dir und vielen anderen da draußen zu teilen, obwohl mir zwischendrin die Knie schlotterten, weil ich weiß, wie unkonventionell noch gewisse Ansätze meiner Arbeit sind. Danke!

Du erreichst nicht deshalb die Bergspitze nicht,
weil der Berg so hoch ist, sondern weil dein Rucksack
voller Altlasten zu schwer ist.

Wie kann dein Leben bald schon aussehen? Wie sieht mein Leben heute aus? Gibt es bei mir nur noch Konfetti-Glitzer-Regenbogen-Stimmung? Läuft alles immer genau so wie geplant, und ich habe keinerlei Herausforderungen mehr? Natürlich nicht. Das war einmal mein verkrampftes Ziel, bis ich merkte, wie wenig das mit echtem Leben zu tun hat.

Ich liebe mein Leben und das ist wirklich ein Happy End. Alle meine Visionen wurden Wirklichkeit.

Mein persönliches Happy End oder auch Happy Now war und ist möglich, weil ich bereit war, mich zu öffnen – mir selbst gegenüber, aber auch dem Leben. Das sogenannte Happy End hat einen gewissen Preis: ein Leben in absoluter Selbstführung und Verantwortung.

Manchmal fühlt es sich nicht nach happy an. Manchmal musst du deinen Preis für deine Dienstleistung fünfzigmal nennen, bevor jemand bei dir bucht. Manchmal musst du immer wieder eine Grenze innerhalb deiner zwischenmenschlichen Beziehungen ziehen, bis die Grenzen irgendwann eingehalten werden. Manchmal musst du in toxische Partnerschaften geraten, um endlich zu verstehen, was du wirklich in einer Beziehung willst. Manchmal musst du erst krank werden, um zu verstehen, wie wertvoll deine Gesundheit ist und wie wichtig es ist, für sie Verantwortung zu übernehmen.

Bei all diesen Beispielen zählt nur eines: Gib dir Zeit zu erkennen und dann zu verkörpern – die neue Version deiner selbst.

Mein Leben ist heute so viel einfacher und erfüllter, weil ich innerlich so stark aufgestellt bin. Äußere Faktoren bringen mich nicht mehr ins Wanken, geschweige denn zum Einstürzen. Alle Manifestationswünsche, die ich vor ein paar Jahren noch hatte, sind heute meine Realität. Mittlerweile gibt es neue Visionen, in die ich ebenfalls wieder hineinwachsen darf – mit Freude am Prozess, der Erlaubnis, meinen Bedürfnissen zu folgen, und der vertrauensvollen Gewissheit, dass es möglich ist.

Ich kann dir die Entscheidung, die du für dich und dein Leben triffst, nicht abnehmen. Ich kann weder deine Glaubenssätze auflösen noch deine Wunden heilen. Ich kann dir auch nicht garantieren, wann und ob sich dein Leben verbessert, wenn du anfängst, deine unsichtbaren Hauptbarrieren zu beseitigen. Aber ich kann dir versichern, dass du und dein Leben sich definitiv verändern, wenn du damit anfängst.

Dieses Buch ist die Einladung in dein neues Leben. Ob du die Einladung annimmst und dich auf den Weg zu deinem neuen Leben machst, bleibt ganz dir überlassen.

Bis dahin wünsche ich dir von Herzen den notwendigen Willen und die motivierende Vorfreude, deine Visionen zu verwirklichen.

Dein Weg zu einem erfüllten und erfolgreichen Leben trotz Krisen und Herausforderungen beginnt hier und jetzt. Nutze die Meditationen, Reflexionsfragen und Übungen in den jeweiligen Kapiteln, um deine Transformation zu unterstützen.

Wenn dir dieses Buch gefallen hat, freue ich mich über eine positive Rezension und deine Weiterempfehlung.

Danke!
Alles Liebe
Deine Michelle

Danksagung

Zunächst einmal danke ich dir. Danke, dass du dieses Buch gelesen hast. Danke, dass du deinen eigenen Weg gehst, ungeachtet deiner Vergangenheit und bisherigen Erlebnisse. Danke für deinen Mut, dich deinen unsichtbaren Hauptbarrieren zu stellen. Danke, dass ich mich durch dich nicht mehr so abseits der Norm fühle, sondern spüre: Wir sind viele, die bereit sind, ein selbstbestimmtes und erfülltes Leben zu führen. Falls du mein Buch schon weiterempfohlen hast – danke! Falls du eine positive Rezension hinterlassen hast – danke von Herzen! Danke an meine wundervolle Community auf Social Media, die mir immer wieder liebe Nachrichten geschickt hat. Ihr habt mir oft geschrieben, wie sehr ihr euch auf dieses Buch freut – ihr könnt euch nicht vorstellen, wie motivierend eure Nachrichten für mich waren. Danke an meine Grafikerin Diana, die es geschafft hat, meine anfänglich vagen Ideen in ein Cover zu verwandeln, das genau meinen Vorstellungen entspricht. Ein ganz besonderes Dankeschön geht an meine Lektorin. Liebe Ulrike, was hätte ich nur ohne dich gemacht? Danke für deine unermüdlichen Anmerkungen und Korrekturen, für das Trösten in Momenten, in denen ich den Kopf in den Sand stecken wollte, und für deine wundervolle Arbeit. Ein riesiges Dankeschön geht an meine Freunde, die mich in den fragilen Phasen dieses Projekts aufgepäppelt und ermutigt haben. Danke an meine Familie, die zwar nicht immer versteht, was ich mache, sich aber immer nur das Beste für mich wünscht und mich jederzeit unterstützt. Mein größter Dank geht an meinen Mann Simon. Du warst bei diesem Projekt alles in einem: Techniker, der die Meditationen und

Atemübungen mit so viel Sorgfalt geschnitten und mit Musik unterlegt hat. Korrekturleser, der nahezu um jedes Komma gekämpft hat. Buchblockdesigner, der stundenlang daran gefeilt hat, dass das Layout perfekt ist. Tröster in Momenten des Zweifels. Mitdenker bei Kapiteltiteln und beim Buchtitel. Visionsbewahrer, der mich daran erinnert hat, warum ich das alles überhaupt mache. Simon, ich kann nicht in Worte fassen, wie dankbar ich dir bin.

Und schließlich: Danke an mich selbst. Michelle, du Granate, das war dein vierter Versuch, ein Buch zu schreiben – und du hast es gerockt. Danke, dass du nie aufgegeben hast. Danke, dass du trotz Zweifeln und Zögern an deine Vision geglaubt und dieses Buch mit all deinem Wissen und deinen Erfahrungen veröffentlicht hast. Ich bin stolz auf dich. Ein abschließender Dank gilt all den Menschen, die in diesem Buch erwähnt werden. Danke für die gemeinsamen Erlebnisse. Danke, dass ich viel durch euch lernen durfte und somit einiges zu erzählen hatte.

Danke!

Über die Autorin

Es gab Phasen in meinem Leben, in denen ich mir wünschte, am nächsten Tag nicht mehr aufzuwachen. Damals schien mir das der einfachste Weg zu sein, um der Schwere und Anstrengung meines Lebens zu entkommen. Hätte mir damals jemand gesagt, dass ICH diejenige sein werde, die eines Tages andere Menschen dabei unterstützt, glücklich, erfüllt und erfolgreich zu sein, hätte ich mit den Augen gerollt und ein sarkastisches „Ja, klar" hinzugefügt. Mehr als die Hälfte meines Lebens war ich überfordert. Mit meinen Emotionen, meinen Bedürfnissen, meinen Selbstzweifeln und den Erwartungen, die andere an mich hatten. Aus dieser Überforderung entstanden Frustration und Verbitterung. Ein emotionaler Dauerzustand, der alles andere als angenehm war. Es hat ein paar Jahre gedauert, bis ich bereit war, mein Leben selbst in die Hand zu nehmen. Die Konfrontation mit mir selbst sowie das radikale innere Aufräumen haben sich gelohnt: Heute stehe ich in einer liebevollen und gesunden Beziehung zu mir selbst. Ich führe eine Partnerschaft auf Augenhöhe und lebe an meinem Wunschort. Mein Business erfüllt mich und ich bin frei von Depressionen und Bulimie. All das ist das Resultat meines Konzepts „Die acht Stufen der unsichtbaren Hauptbarrieren", welches ich selbst bis heute berücksichtige und welches mir als sicherer Anker dient. Wenn du mein Buch ganz gelesen hast, wirst du erkannt haben, dass ich früher in vielen Bereichen kein Vorbild für „wie führt man ein gesundes und glückliches Leben" war. Im Gegenteil, ich war eher das Paradebeispiel für "so geht Selbstsabotage". Aber genau diese Erfahrungen haben mich unter anderem zu dem einfühlsamen Coach und der verständnisvollen Mentorin gemacht, die ich heute bin. Ich weiß, wie unmöglich Veränderung sich anfühlen kann. Ich kenne das starke, oft unbewusste Bedürfnis, darauf beharren zu wollen, dass man schlechter dran ist als die anderen. Ich weiß, wie schwer und anstrengend manche Transformationsphasen sein können, aber ich weiß auch, wie schnell und mühelos sie gehen können. Mein heutiges Leben ist bunt, leicht und fluffig – meistens. Manchmal gibt es auch graue oder trübe Tage. Doch der feine, aber entscheidende Unterschied ist, dass ich heute immer weiß, wie ich mein Leben verändern kann, wenn ich merke, dass etwas nicht (mehr) kongruent zu meinem Inneren ist. Es entspricht einem Leben, das ich liebe und vor dem ich nicht mehr fliehen muss, da ich die tiefe Gewissheit in mir trage, den Kurs jederzeit selbst und mühelos ändern zu können.

Wenn du mehr über mich und meine Arbeit erfahren möchtest, besuche mich auf meiner Website und verbinde dich gerne mit mir auf Instagram.

Alles Liebe,

Deine Michelle

Website: www.michellebanguio.com

Instagram: @michellebanguio

MICHELLEBANGUIO

Anhang

Anmerkung

Dieses Buch wurde nach bestem Wissen und Gewissen geschrieben und mehrfach überprüft. Es ist wichtig zu betonen, dass alle autobiografischen Schilderungen ausschließlich aus der Perspektive der Autorin erzählt sind. Die beschriebenen Erfahrungen und Ansichten sind das Ergebnis ihrer persönlichen Reise und Reflexionen.

In diesem Buch werden auch Themen behandelt, die möglicherweise unkonventionell erscheinen mögen. Die gegebenen Ratschläge und Tipps beruhen sowohl auf den eigenen Beobachtungen der Autorin über viele Jahre hinweg als auch auf ihrem kontinuierlichen Streben nach Wissen und persönlicher Weiterentwicklung. Diese Inhalte sollen zum Nachdenken anregen und die Leser inspirieren, eigene Entdeckungen zu machen.

Die eigens entwickelten und dargestellten Konzepte der Autorin stellen keine Garantie für bestimmte Ergebnisse dar. Trotz sorgfältiger Erarbeitung kann keine Haftung für die Inhalte des Buches, jegliche Empfehlungen, die geteilten Übungen wie aktive Aufgaben, Reflexionsfragen, Meditationen oder Atemübungen übernommen werden. Eine Haftung der Verfasserin für Personen-, Sach-, und Vermögensschäden ist daher ausgeschlossen.

Die Autorin verzichtet in diesem Buch bewusst auf Genderzeichen, um den Lesefluss zu erleichtern, wobei stets alle Geschlechter gleichermaßen angesprochen sind.

Quellenangabe

Die Verfasserin hat sich in den letzten Jahren intensiv weitergebildet und ihr Wissen durch verschiedene Quellen und inspirierende Persönlichkeiten erweitert. Für diejenigen, die tiefer in bestimmte Themen eintauchen möchten, empfiehlt sie unter anderem folgende Persönlichkeiten und dazugehörige Bücher sowie verschiedene Artikel.

Die aufgeführten Quellen wurden bestmöglich den jeweiligen Kapiteln und Abschnitten zugeordnet.

Einige der genannten Persönlichkeiten, Bücher und Filme durchziehen jedoch das gesamte Werk und werden daher wiederholt thematisiert. In diesen Fällen wurde bewusst auf eine spezifische Kapitelzuweisung verzichtet, da die genannten Inhalte in verschiedenen Kontexten und Kapiteln relevant sind.

Bücher:

Dahlke, R.: *Krankheit als Symbol.* C. Bertelsmann Verlag, 13. Auflage 2000.
Dispenza, Dr. J.: *Werde übernatürlich – Wie gewöhnliche Menschen das Ungewöhnliche erreichen.* KOHA Verlag, 12. Auflage 2023.
Dispenza, Dr. J.: *Ein neues Ich - Wie Sie Ihre gewohnte Persönlichkeit in vier Wochen wandeln können.* KOHA Verlag, 10. Auflage 2019.
Darüber hinaus ließ sich die Autorin von zahlreichen Podcast-Interviews, Meditationen und Vorträgen von Joe Dispenzas inspirieren, die sowohl auf den sozialen Medien als auch auf

verschiedenen Plattformen zugänglich sind. Außerdem spielt Dr. Joe Dispenza eine bedeutende Rolle im Dokumentarfilm Heal, der die Verbindung zwischen Geist und Körper beleuchtet.

Duprée, U. und Bruchacova, A.: *Das Wunder der Vergebung.* Kailash Verlag, Originalausgabe 2013.

Duprée, U.: *Das Ego durchschauen.* Schimer Verlag, 1. Auflage 2019.

Hicks, E. und J.: *Wünschen und bekommen – Wie Sie Ihre Sehnsüchte erfüllen.* Allegria Verlag, 10. Auflage 2022.

Hicks, E. und J.: *Wunscherfüllung – Die 22 Methoden.* Allegria Verlag, 9. Auflage 2020.

Hicks, E. und J.: *The Law of Attraction – Das Gesetz der Anziehung.* HörbucHHamburg HHV GmbH, 2013.

Kolk, B. van der: *The body keeps the score.* Penguin Books, 2014.

Sarno, J. E.: *The divided mind.* Harper Perennial, 2007.

Filme:

8 Mile, Universal Pictures, 2002. Regie: Curtis Hanson (Teil 2; Kapitel 16: „Fehler").

Back to Black, StudioCanal, 2024. Regie: Sam Taylor-Johnson (Teil 2; Kapitel 15: „Erfolg fängt in deinem Inneren an!").

Heal, Elevative Entertainment, 2017. Regie: Kelly Koonan Gores.

Inception, Warner Bros., 2010. Regie: Christopher Nolan (Teil 3; Kapitel 20: „Schau genau").

I Wanna Dance With Somebody, TriStar Pictures, 2022. Regie: Kasi Lemmons (Teil 2; Kapitel 15: „Erfolg fängt in deinem Inneren an!").

Nyad, Diana. *Find a Way*, Alfred A. Knopf, 2015 (Teil 3; Kapitel 24: Stufe 4: „Bewertungen").

Nyad, Netflix, 2023. Regie: Elizabeth Chai Vasarhelyi und Jimmy Chin (Teil 3; Kapitel 24: „Stufe 4: Bewertungen").

Rocketman, Paramount Pictures, 2019. Regie: Dexter Fletcher (Teil 2; Kapitel 15: „Erfolg fängt in deinem Inneren an!").

The Other Shore: The Diana Nyad Story, Point an Shoot Films, 2013. Regie: Timothy Wheeler (Teil 3; Kapitel 24: „Stufe 4: Bewertungen").

Sonstiges:

Bully-a-Plant-Experiment, durchgeführt von IKEA im Rahmen einer Anti-Mobbing-Kampagne, 2018 (Teil 1; Kapitel 8: „Fünf Schritte vor, sechs zurück").

Dieses Buch ist auch als Hörbuch verfügbar!

Gehe dazu auf

www.michellebanguio.com/nolimitshoerbuch